本书受到教育部人文社会科学规划基金项目

“产学研联盟内组织间学习研究——以我国光伏企业为例”

（12YJA630023）的资助

产学研联盟内组织间学习研究

邓雪 著

Research on inter-organizational learning in industry-university alliances

中国社会科学出版社

图书在版编目(CIP)数据

产学研联盟内组织间学习研究／邓雪著．—北京：中国社会科学出版社，2015．12

ISBN 978－7－5161－6612－3

Ⅰ．①产…　Ⅱ．①邓…　Ⅲ．①产学研一体化—研究—中国　Ⅳ．①G640

中国版本图书馆 CIP 数据核字(2015)第 160177 号

出 版 人　赵剑英
责任编辑　田　文
特约编辑　陈　琳
责任校对　张爱华
责任印制　王　超

出　　版　中国社会科学出版社
社　　址　北京鼓楼西大街甲 158 号
邮　　编　100720
网　　址　http://www.csspw.cn
发 行 部　010－84083685
门 市 部　010－84029450
经　　销　新华书店及其他书店

印刷装订　北京金瀑印刷有限责任公司
版　　次　2015 年 12 月第 1 版
印　　次　2015 年 12 月第 1 次印刷

开　　本　710×1000　1/16
印　　张　11
插　　页　2
字　　数　173 千字
定　　价　39.00 元

目　录

第一章　绪论

一　研究背景及研究意义

（一）　研究背景

20世纪90年代以来，在技术日新月异，市场范围不断扩大，顾客需求偏好日益多样化，企业经营环境的不确定性日益增大，全球市场竞争空前激烈的形势下，任何企业要想在市场竞争中胜出，都必须发展和巩固自身的核心竞争力。核心竞争力是一个企业能够获得长期竞争优势的能力，是企业所特有的、能够经得起时间考验的、具有延展性，并且是竞争对手难以模仿的技术或能力。企业知识尤其隐性知识是构筑企业核心竞争力最重要的战略性资源，企业能否有效地收集和利用现有知识、获取和开发有价值的新知识，在很大程度上取决于企业对知识的学习、掌握和运用程度，即主要途径是开展组织学习。

组织学习，一方面表现为在企业内部通过自我学习与积累而获得知识；另一方面则是向外部组织学习从而获取知识。而对外部知识的学习有三种主要方法，即被动学习、主动学习和互动学习。被动学习发生于企业需要有关技术、管理等明晰知识的场合；主动学习（如标杆学习）是通过主动地选择学习对象（往往是竞争对手）进行学习。这种学习往往是间接的，通过“远距离”观察来进行的。以上两种学习方式对企业提升其能力的作用是有限的，所学到的知识也只是一些明晰的、易于观察和模仿并能够清楚表达的知识，即显性知识，这些知识并不是企业竞争优势的决定因素。这种学习只能学到竞争对手在做什么，同谁在做、何时与何地做，至于为什么这么做以及怎样做的问题，则难以学到，而恰恰这种隐性知识是企业获得持续竞争优势的基础。学习隐性知识需要学习双方人员面对面地相互交流与切磋，战略联盟的组建能够满足这种互动式学习的需要。通过战略联盟这一平台，可以有效地获取企业原先不具备的互补性资产，特别是联盟双方在融合各自的核心竞争力之后，可以发挥它们的互补和协同优势，使企业的某一核心竞争力在战略联盟中得到新的组合和延伸。因此，世界范围内大型跨国公司纷纷采取这种合作方式参与全球竞争，对全球经济产生了广泛而深刻的影响，战略联盟也因此被誉为“20世纪20年代以来最重要的组织创新”。

从我国的情况来看，自1992年开始实施“产学研联合开发工程”以来，科技成果转化率不断提高，有效促进了科技与经济的有机结合。随着合作层次的不断加深，由企业、高校和科研机构相互联合形成的产学研联盟成为一种新的技术转移方式。产学研联盟是战略联盟的一种类型，它是企业、学校和科研机构之间的一种结盟。在产学研联盟中，企业主要在产学研联合项目设立，重大关键技术研发和系统技术集成，以及科技成果转化和应用方面发挥作用，高校和科研机构则在知识创新和科技创新方面具有很强的优势。通过结盟，企业能够利用联盟这一平台充分接触到大学和科研机构的“隐性知识”，为我所用，从而成功构筑起自身的持续竞争优势。

（二） 研究意义

学者们对于组织学习理论的研究可谓欣欣向荣。哈佛大学心理学家Argyris和Schon（1978）认为组织学习是一个过程，在这一过程中组织成员检查错误和异常，并通过重构组织的行为来纠正它，将探询的结果根植于组织的远景之中。对于组织学习的层次，传统观点认为只包括个体、团队、组织三个层次。学者们对于这三个层次的研究已做得比较系统，分别从心理学、社会学、管理学、经济学、人类学、政治学、历史学等学科角度对组织学习进行了相关探讨。以组织学习研究的国际开拓者迈诺尔夫·迪尔克斯教授为首，以及16个国家各个领域的数十名专家，历时五年完成的《组织学习与知识创新》一书是国际上较为全面地反映该领域最新研究成果的著作。在这部著作中，关于组织学习的外部动因、促进组织学习的因素与条件、组织学习的推动者、组织学习的过程、如何将学习转化为实践等方面已形成了较为丰富的研究成果。但总体来看，在研究组织学习问题时，学者们通常持有的假设认为企业是一个有着固定边界的相对独立于外部环境中其他行为者而运作的系统，从而认为组织学习的根本目标是如何适应环境、获取信息、制定规则、集体构建组织宗旨和组织记忆。在全球经济一体化的今天，企业与市场的组织边界更加模糊，企业间关系日益紧密、复杂和多元。战略联盟、虚拟组织、网络化组织等新兴组织形态的出现，给组织学习理论的研究提出了诸多新课题：企业在这些组织形态中是如何学习的？组织间学习与组织学习的其他三个层次之间的区别与联系是怎样的？如何才能有效提升企业的组织间学习绩效？但学者们对这些问题的研究还不够深入。大部分学者主要关注的是单个组织内的学习，对于组织之间的知识流动研究得较少，从产学研联盟角度来研究组织间学习的就更少。

对于产学研联盟的研究，国内学者近年来主要集中在产学研联盟的形成动因、合作模式、绩效评估、联盟中的风险和知识转移、技术转移等五个方面的问题。其中，对于联盟中知识转移、技术转移的研究，更多关注的是如何实现知识、技术从学校和科研机构向企业的有效转移。然而，从组织学习理论的角度，产学研联盟是联盟各方开展组织间学习的一个重要平台，企业与大学、科研机构组建联盟的目的不仅仅是为了实现知识、技术的单向转移，更重要的是通过联盟这一平台实现组织间的学习。通过开展企业与大学、科研机构的组织间学习，进行知识的共享乃至知识的创造，从而实现组织间的知识创新与技术创新。因此，本研究拟以组织学习理论为基础，研究产学研联盟内组织间学习的相关问题：（1）产学研联盟内组织间学习具有哪些本质特征？（2）产学研联盟内组织间学习的内在运行机制是怎样的？（3）产学研联盟内组织间学习的关键性影响因素有哪些？这些因素对组织间学习效果会产生怎样的影响？（4）产学研联盟内组织间学习与组织绩效关系如何？（5）如何才能有效提升产学研联盟内组织间学习绩效？通过以上问题的深入研究与探讨，可以窥探产学研联盟内组织间学习的内在运行规律，对于进一步研究组织学习的一般性规律有着较显著的推动作用，从而丰富组织学习理论的现有研究成果。

十八大报告中指出，科技创新是提高社会生产力和综合国力的战略支撑，必须摆在国家发展全局的核心位置。深化科技体制改革，推动科技和经济紧密结合，加快建设国家创新体系，着力构建以企业为主体、市场为导向、产学研相结合的技术创新体系。在企业与大学和科研机构组建的产学研联盟中，通过开展组织间学习，企业能够充分吸收利用组织间学习的成果为我所用，形成企业强有力的核心技术与技能。对于我国企业而言，在“十二五”期间能否在保持原有优势的基础上实现可持续发展，有效地开展产学研联盟内组织间学习是重中之重。本研究的相关研究成果应用于我国企业的产学研联盟实践，将有助于培育企业的核心竞争力，不断提升其在全球市场的持续竞争优势。

二 研究目的

本研究的主要目的是探讨企业在产学研联盟中通过开展与大学、科研院所的组织间学习，提升企业核心竞争力与企业的组织绩效，进而推动企业的可持续发展。按此目的，设计出本课题的研究主线：什么是产学研联盟组织间学习——企业在产学研联盟中是如何学习的——企业在产学研联盟中的学习结果如何。根据这一研究主线，本研究主要达成以下目标：

（1）分析产学研联盟内组织间学习的内涵与本质特征，划分产学研联盟内组织间学习的主要学习阶段，剖析每一阶段的主要学习内容，分析产学研联盟组织间学习的运行机制。

（2）对产学研联盟组织间学习的影响因素进行实证分析。以组建产学研联盟的中国光伏企业作为样本，尝试性地编制反映中国企业特点的产学研联盟组织间学习调查问卷，并确保问卷的信度和效度。通过实证研究，找出影响产学研联盟组织间学习的关键性因素。

（3）对产学研联盟内组织间学习与组织绩效关系进行实证分析。通过实证分析，探寻组织间学习与组织绩效的相关性，有哪些调节变量对两者的关系产生影响，影响程度如何。

(4) 从中国企业角度提出进行产学研联盟组织间学习管理的策略与建议。

三 研究方法

本研究采用理论与实证相结合的方法，首先对产学研联盟组织间学习这一论题进行文献评述，提出本书的研究问题，然后运用问卷调查法和统计分析法对所设计的研究问题进行研究。具体方法如下：

(一) 问卷调查法

问卷调查法是管理学定量研究中最为普遍的方法，其实用性主要体现在以下几个方面：第一，能够快速有效地收集数据；第二，如果量表的信度和效度高，样本数量足够大，会收集到高质量的数据；第三，对被调查者的干扰较小，易得到被调查企业及员工的配合；第四，是一种最经济的收集数据的方法。

通过问卷调查法收集有关产学研联盟组织间学习各影响因素以及组织间学习与组织绩效关系模型中各变量的数据，以便通过统计分析来验证理论假设。本研究运用问卷调查法收集数据先后经过了问卷设计、面对面访谈、试调查、正式调查等步骤，确保调查过程的科学性，为提高调查数据的信度与效度提供了保证。具体来说，本研究的问卷设计以国外学者所设计的量表为基础，结合我国企业的特点，做一定的修正，量表采用 Likert 七点计分法进行设计。在正式调查之前进行试调查，根据试调查的情况对问卷进行修正与完善，并进行问卷的信度与效度分析。

(二) 统计分析法

在取得调查数据并整理之后，就进入数据的分析阶段。统计分析法是最重要和应用最广泛的数据分析方法，本书利用因子分析、结构方程模型等统计分析方法，通过 SPSS 15.0 和 AMOS 7.0 统计软件对问卷调查所获数据进行统计分析，来验证所提出的假设是否成立。

1. 因子分析法

因子分析可分为探索性因子分析和验证性因子分析，本研究综合采用两种因子分析方法来衡量各分量表结构效度的高低，对于各分量表的验证性因子分析也是后续进行结构方程分析的基础。与此同时，在产学研联盟组织间学习影响因素的分析中，采用探索性因子分析方法来选择关键性的影响因素。

2. 结构方程模型

结构方程模型（SEM）是用来检定关于观察变量和潜变量之间假设关系的一种多重变量统计分析方法，即以所收集的数据来检定基于理论所建立的假设模型。所谓潜变量是指那些不能直接测量的变量。在本研究中，集团企业的组织间学习影响因素都属于潜变量这种性质，对于它们的测量主要以观察变量来间接测度，具体来说就是采用调查问卷的方式，通过设计相应的题项来测量。结构方程可同时分析潜变量及其观察变量之间的复杂关系。

结构方程模型由测量方程和结构方程组成。其中，测量方程主要描述指标与潜变量之间的关系，用下述模型表示：

$$Y = \Lambda\eta y + \varepsilon$$

其中：X，Y 是外源及内生指标；δ，ε 是 X，Y 测量上的误差；Λx 是 X 指标与 ξ 潜变量的关系，Λy 是 Y 指标与 η 潜变量的关系。

这里，X =（x1，x2，…，xm）T 是由 m 个外生指标构成的列向量；ξ =（ξ1，ξ2，…，ξu）T 是由 u 个外生变量构成的列向量；Λx 是一个m · u维的矩阵，是 X 在 ξ 上的因子负荷阵；δ =（δ1，δ2，…，δm）T 是 m 维的误差项列向量；Y =（y1，y2，…，yn）T 是由 n 个内生指标构成的列向量；η =（η1，η2，…，ηv）T 是由 v 个内生变量构成的列向量；Λy 是一个 n · v 维的矩阵，是 Y 在 η 上的因子负荷阵；ε =（ε1，ε2，…，εn）是 n 维的误差项列向量。

结构方程主要描述外生潜变量与内生潜变量之间的关系，用下述模型表示：

$$\eta = B\eta + \Gamma\xi + \gamma$$

这里，η、ξ 同上定义；B 是一个 v · v 维的矩阵，是内生潜变量之间的关系；Γ 是一个 v · u 维的矩阵，是 η 在 ξ 上的负荷，表示外生潜变量对内生潜变量的影响。γ = （γ1，γ2，…，γv）T 是一个 v 维结构模型残差项列向量，反映模型中未能解释 η 的部分。

在本研究中，拟采用 SEM 分析和验证产学研联盟组织间学习影响因素模型和产学研联盟组织间学习与组织绩效关系模型，找出产学研联盟组织间学习的关键影响因素，探明组织间学习与组织绩效之间的关系以及影响两者关系的关键变量。

在研究中拟运用 AMOS 软件对模型及相关假设加以检验与分析，具体操作步骤如下：

第一，初始 SEM 模型的建立。绘制因果模型图，界定各变量名称。根据文献研究结果提出的模型与假设来绘制假设的因果模型图，并界定潜变量、观察变量和误差变量的变量名称。

第二，检验假设模型。运用 AMOS 软件进行模型估计，若模型可以识别，则会呈现卡方值、自由度与相关统计量。根据各项适配度统计量、参数估计值来判别假设模型与数据是否适配。主要指标有以下三个方面：绝对适配度指数、增值适配度指数和简约适配度指数。其中，绝对适配度指数包括：x2 值、RMR 值、RMSEA 值、GFI 值、AGFI 值；增值适配度指数包括：NFI 值、RFI 值、IFI 值、TLI 值、CFI 值；简约适配度指数包括：PGFI 值、PNFI 值、PCFI 值、CN 值、AIC 值、CAIC 值。

第三，修正模型。根据初始模型的适配情况，通过增加残差间的协方差关系，进行模型调整，最终得到能够跟数据拟合的模型。

四　研究思路与研究内容

（一）研究思路

本研究以理论分析和文献回顾为基础，识别影响产学研联盟组织间学习的关键性因素，分析产学研联盟组织间学习与组织绩效的关系，在此基础上提出我国企业进行产学研联盟组织间学习管理的策略与建议。研究思路如图 1－1 所示。

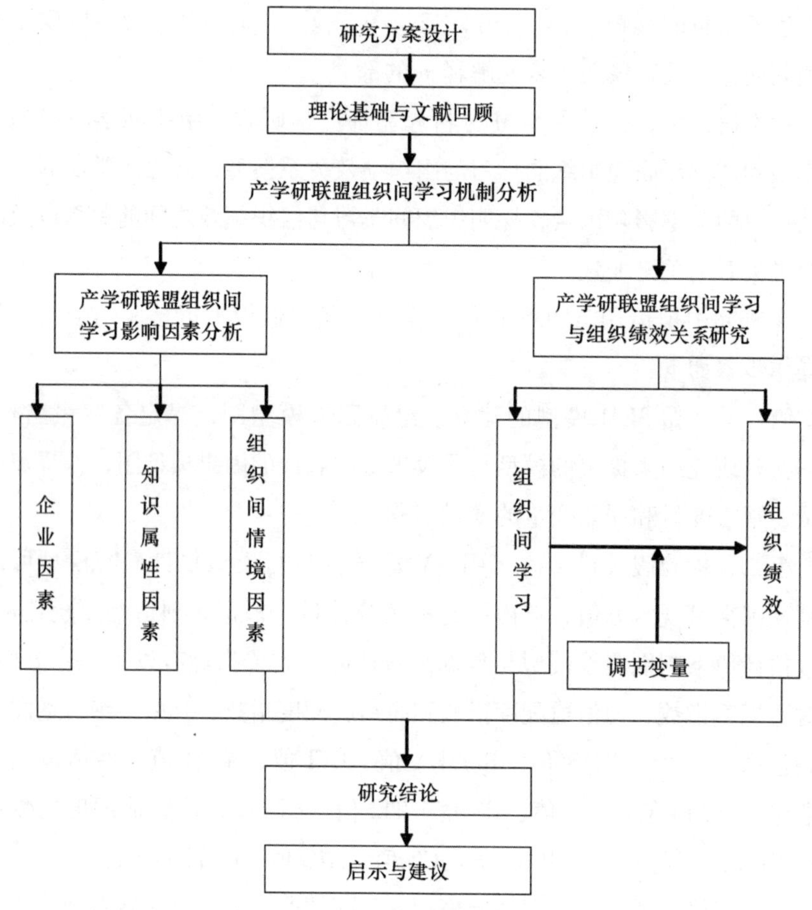

图 1－1 本书研究思路

（二）研究内容

第一章 绪论。主要介绍本书的研究背景及研究意义，进行总体研究设计。研究设计内容包括：本书的研究目的、研究方法、研究思路与研究内容以及主要创新点。

第二章 理论综述。主要对企业产学研联盟（内涵与特点、产学研联盟成因的理论解释及产学研联盟的运行模式）、组织学习（内涵、内容、类型与层次、过程）、组织间学习（组织间学习的内涵、组织间学习的具体模式、影响组织间学习效果的主要因素）三个方面的研究进行文献梳理，并对现有研究进行评价，从而提出本书拟探索的研究方向。

第三章 产学研联盟组织间学习机制分析。主要分析产学研联盟组织间学习的内涵与特征、学习类型、学习内容及产学研联盟组织间学习机制。

第四章 产学研联盟组织间学习影响因素实证研究。首先，提出产学研联盟组织间学习理论模型及研究假设。主要分析企业本身因素、知识属性因素和组织间情境因素对组织间学习的影响；其次，进行数据收集与整理，具体包括问卷的设计与发放，变量的定义与测量，样本的描述性统计，问卷的信效度检验；以此为基础，运用 SEM 模型做假设检验，分别做三类因素对组织间学习的影响；最后，对 SEM 模型分析结果进行总结与讨论，得出实证研究结论。

第五章 产学研联盟组织间学习与组织绩效关系研究。首先，提出产学研联盟组织间学习与组织绩效关系模型及研究假设。在产学研联盟组织间学习与组织绩效关系模型中，组织间学习为自变量，组织绩效为因变量，同时引入联盟形式、联盟关系嵌入构型、联盟控制方式作为调节变量；其次，陈述研究方法，包括样本与数据收集、变量测量、研究方法与统计方法；最后，分析与结果总结。包括信效度检验、假设检验（运用结构方程模型统计分析方法，通过 SPSS15.0 和 AMOS7.0 统计软件对问卷调查所获数据进行统计分析，以验证理论模型与研究假设是否成立）。

第六章 研究结论与展望。总结本书的研究成果与结论，以此为基础，提出中国企业进行产学研联盟组织间学习管理的若干策略与建议。与此同时，总结本研究的局限及未来的研究方向。

五 主要创新点

本书以企业联盟理论、组织学习理论为基础，探寻企业产学研联盟组织间学习的一般规律，主要从企业产学研联盟组织间学习的影响因素和企业产学研联盟组织间学习与组织绩效的关系两方面进行了实证研究。无论研究视角还是研究模型都具有一定的创新性。具体而言，本研究主要在以下方面有所发展和创新。

（1）研究了企业产学研联盟环境下的组织间学习问题。尽管组织学习的影响因素、组织学习与组织绩效的关系在单个企业层面已经涌现了很多研究成果，但在企业产学研联盟环境下组织间学习问题却少有研究。本书从企业产学研联盟的角度去探究产学研联盟中组织间学习的规律，初步形成了企业产学研联盟组织间学习理论的基本框架，丰富了组织学习理论的研究成果。

（2）构建了企业产学研联盟组织间学习影响因素模型。在企业产学研联盟组织间学习影响因素模型中，综合考察了企业本身、知识属性和组织间情境三方面因素对组织间学习的影响，考虑因素较全面，模型较贴近现实。尤其是组织间情境因素，更能体现产学研联盟环境的特点，所提出的组织间知识差异与组织间文化协同性两个变量具有很强的代表性。

（3）构建了企业产学研联盟组织间学习与组织绩效关系模型。企业产学研联盟组织间学习效果最终将由组织绩效体现出来，因此需要研究企业产学研联盟组织间学习与组织绩效之间的关系，有哪些因素影响两者之间的关系。在企业产学研联盟组织间学习与组织绩效的关系模型中，引入联盟形式、联盟关系嵌入构型和联盟控制方式作为调节变量，对于企业产学研联盟组织间学习与组织绩效的关系研究更为全面、深入。

六　本章小结

本章是全书的一个引领章。首先分析了本书的研究背景与研究意义。接着，进行了研究设计，从研究目的、研究方法、研究思路与研究内容、主要创新点等方面进行了详细阐述。

第二章　理论综述

在对国内外文献进行检索的基础上，本章主要对产学研联盟、知识理论、组织学习理论和组织间学习等方面进行文献梳理，并做出评述。

一　产学研联盟的研究综述

（一）产学研联盟的内涵与特点

当今世界，技术创新是企业发展和竞争力提升的动力与源泉。由于企业很难占有所需的全部智力资源，所以通过寻找与其技术和知识具有互补性的高校与科研机构并进行交流与联系，就成为企业实现其战略目标的重要手段。产学研联盟作为企业与高校、科研机构合作的一种很好的方式，它是产学研合作的高级阶段，是企业、高校和科研机构实现各自利益目标的有效战略选择，是战略联盟的一种主要类型。

1. 战略联盟的内涵

战略联盟（Strategic Alliances）这一概念最早是由美国 DEC 公司总裁简·霍普兰德和管理学家罗杰·奈格尔提出的。关于战略联盟概念的界定，学术界至今尚无统一的定义。归纳学者们的观点，主要有以下视角，如表 2－1 所示。

综合以上各学者的观点，本书对战略联盟的内涵作以下界定：战略联盟是由两个或两个以上有着对等实力或者互补资源的组织之间，为达到一定的目的而结成的优势相长、风险共担的松散型合作组织。

表 2－1 企业战略联盟的内涵

视角	代表人物	主要观点
战略管理	迈克尔·E. 波特（1985）	战略联盟是指同结盟的伙伴一起协调或合用价值链，以扩展企业价值链的有效范围①
资源理论	Stuart，Toby E（1998）	企业战略联盟是参与企业根据各自已有资源的异质性，本着互惠互利的原则，结合资源的互补性，追求共同利益的行为②
社会学	Gulati，Ranjay（1998）	企业战略联盟是一种社会网络，是企业之间的一种自发行为，目的在于追求共同的经济利益和组织目标，并通过协定关系形成排他性的企业进入壁垒③
企业理论	Beamish，Killing（1997）	企业战略联盟是一种对企业交易时契约不完备性的一种治理结构，是管理企业能力结构的一种特殊系统④

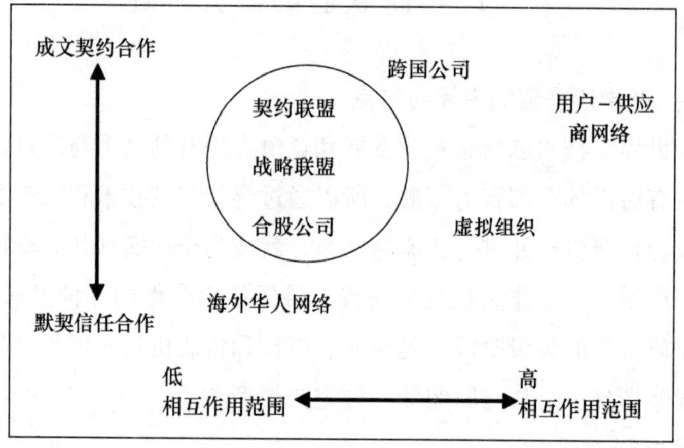

图 2－1 战略联盟与组织间合作的其他形式比较框架

资料来源：［德］迈诺尔夫·迪尔克斯等：《组织学习与知识创新》，上海人民出版社 2001 年版，第 508 页。

① ［美］迈克尔·波特：《竞争优势》，中国财政经济出版社 1988 年版，第 33—34 页。

② Stuart，Toby E．Network positions and Propensities to collaborate：An investigation of strategic alliance formation in a high—technology industry ［J］．Administrative Science Quarterly，1998，（43）：668.

③ Gulati，Ranjay．Alliance and networks ［J］．Strategic Management Journal，1998 （19）：293.

④ Beamish，Killing．Cooperative Strategies：European Perspectives ［M］．The new Lexington Press，1997，89—132.

战略联盟与其他组织间合作形式的区别如图 2－1 所示，战略联盟与其他组织间合作形式相比，从企业间的相互作用范围来看，跨国公司、虚拟组织以及用户—供应商网络中企业间的相互作用范围是较广的，明显高于战略联盟这种形式；从合作关系是建立在契约还是个人之间信任基础上这一维度看，战略联盟的不同形式有不同的表现。其中，契约联盟主要表现为以契约合作为基础，而合股公司则表现为建立在信任基础上的合作。在这一维度上，海外华人网络的默契信任合作程度最高。

2. 产学研联盟的内涵

产学研联盟作为战略联盟的一种形式，最早可追溯到 1951 年，当时斯坦福大学校长特曼创立了斯坦福工业园，标志着产学研联盟的正式形成。随着经济的不断发展，世界各国越来越重视产学研联盟，产学研联盟成为推动经济发展的有力助推器。产学研联盟是指企业、高校和科研机构，基于一定的制度和因素联系起来，相互协调，互相合作，利益共享、风险共担，实现既定目标的经济实体。在产学研联盟中，企业是主体，高校和科研机构是主要技术依托，它们强强联合、优势互补、互惠共赢、长期合作、共同发展，从而实现各方的战略发展目标。

3. 产学研联盟的特点

与企业间联盟相比，产学研联盟具有以下特点：

（1）产学研联盟伙伴之间具有较强的差异性和互补性。产学研联盟是企业与大学和研究机构间的结盟，联盟各方投入技术、厂房设备、资金和信息等资源，它们之间具有较强的知识互补性和能力异质性。大学和研究机构拥有知识和技术的比较优势，是知识创新的主体，但是缺乏将技术商业化的能力和充足的研发资金，而企业则是技术创新的主体。而这种在资源和能力上的互补性正是产学研联盟形成与创新发展的核心动力。与此同时，产学研各方在组织性质上也具有一定的差异，它们能够借助联盟这一平台学习、借鉴彼此先进的组织机制来提高自身的运作效率。对于企业而言，其研发团队在组织结构和文化上的转型将有利于产生突破型的技术创新。

（2）产学研联盟更容易建立成员间的信任。在产学研联盟中，大学和科研机构广泛参与联盟的研发活动，从基础技术——核心技术——新产品开发，合作过程中联盟伙伴各司其职，既有分工又有合作，这种全程的参与有利于各方培养亲和关系，同时，由于联盟各方没有直接的竞争关系，易产生信任感。

（3）产学研联盟目标具有长远性。产学研联盟所面临的主要任务是国家创新战略层面的问题，即以国家战略产业的发展需求和提升地方高端产业的技术创新能力与核心竞争力为出发点，形成一批引领产业技术创新的航空母舰和联合舰队，持续地整体提升国家和地区的自主创新能力和国际竞争力。同时，这种联盟行为注重利用外部经济，从战略的高度改善联盟共有的经营环境和经营条件。联盟往往不以短期利润为目标，而是致力于创造长期有效的持续竞争力。具体目标包括为加快技术创新、提高企业综合竞争优势，获得最佳经济效益和社会效益等。

（二）产学研联盟成因的理论解释

对于产学研联盟的成因，随着产学研联盟实践的不断发展以及所呈现的不断变化的特征，学术界形成了一系列解释理论，诸如：交易成本理论、资源依赖理论、系统理论、战略行为理论等。其中，交易成本理论认为产学研联盟的实质是要降低交易成本，从而形成规模效应；资源依赖理论认为，企业与大学、科研机构结盟是基于对方所拥有的某种资源。资源的互补性是结盟的根本动因，通过结盟能够产生较显著的协同效应，达到多赢的效果；系统理论认为，如果将企业与大学、科研机构视为一个系统，这一系统的运作会受到外部环境的影响。反之，为了适应外部环境，更好地生存和发展，三者须要紧密联系在一起，即组建联盟；战略行为理论认为，各方结盟的根本原因在于提升自身的核心竞争力。对于企业而言，在产学研联盟中通过与大学、科研机构的合作来开发新技术与新产品，从而提升自己的研发实力乃至核心竞争力；对于大学和科研机构，通过合作可以获得研发经费，促进学术研究的开展，提升自己的学术地位。

从 20 世纪 90 年代开始，随着知识经济时代的到来，知识在企业中的重要性日益凸显，而知识的产生、迁移、创新等都离不开学习。于是，有的学者开始从组织学习的角度去研究战略联盟，认为产学研联盟为联盟内企业的组织间学习营造了良好的组织支撑和学习界面。企业和大学、科研机构结盟可以获得更多的学习机会，吸收更多的知识，从而降低学习成本，提升竞争力。从这一角度来说，组织学习理论无疑是从当今环境特点出发有益地解释了产学研联盟存在的合理性。组织学习理论为不断建立新的学习模型、学习机制，为企业在产学研联盟的学习、管理的改进提供了理论基础和指导意义，并大大拓展了人们对于产学研联盟的研究。

（三）产学研联盟的运行模式

1. 国外产学研联盟运行模式及特点

产学研联盟能够有力地推动经济发展，因此受到世界各国的普遍重视。目前做得比较好的国家主要有美国和日本。下面综述一下这两个国家产学研联盟运行模式的特点。

美国建立了世界上第一个产学研联盟，在这一领域一直保持领先地位，美国的产学研联盟在运行机制、制度创新、组织协调等方面都非常成熟。具体主要有三种运行模式，即政府与大学之间的合作、企业与大学之间的合作、科技园模式。其中，政府与大学之间的合作起始于第二次世界大战期间，由于效果良好，后来又运用到日常的经济运行之中，通过双方的合作，将基础研究、应用研究和国家的经济发展紧密联系起来；企业与大学之间的合作，美国的主要举措是在大学设立“大学—工业研究中心”。在合作初期，由政府出资，随着项目联合逐渐走上正轨，企业和大学进行内部协调，创建利益共享、风险共担的运行机制；由斯坦福大学创立的斯坦福工业园是科技园模式的鼻祖，后来发展成为著名的硅谷（Silicon Valley）。在硅谷成功范例的指引下，美国很多大学也纷纷建立了科技园区。科技园区模式的实质是以高等院校和科研院所为依托，通过创建高新技术企业，使教学、研究、生产实现有机结合。

日本的产学研模式主要有委托研究制度、共同研究制度、共同研究中心和高科技市场等。委托研究制度是大学接受政府或企业委托，签订合同，明确规定研究方向、内容、成果及时间等，按照规定时间来呈交研究成果的一种模式。共同研究制度则是企业研发人员与大学科研人员共同合作，从而获得高水平的研究成果。与第一种模式相比，这种模式能够促进企业与大学间的深层次交流，研究成果更能与实际接轨。共同研究中心可以看成是第二种模式的升级版，是日本对本国的一些著名大学和科研机构进行投资，创立面向国内和国际开放的研究中心，来承接大型化、综合化的研究。高科技市场的作用在于促进大学科研成果的转化，诸如为其提供一定的资助、代理申请专利、协助创办风险企业等。

2. 我国的产学研联盟运行模式

借鉴发达国家产学研联盟发展的有益经验，结合我国的具体情况，适合于我国的产学研联盟模式主要有：高新技术科技园区、联合共建研究中心与工程技术中心、企业附属研究院和项目联合模式。在高新技术科技园区中，企业、高校、科研院所和政府共同合作，合作形式体现为：一方面是扶持大学和科研院所创办各种高技术开发公司，加速科研成果向产品的转化；另一方面鼓励企业对那些有应用前景并能在较短时间内开发出高技术产品的科研项目进行研究。在园区内形成研究基地、孵化基地、产业基地的集聚，实现高科技产业群的飞速发展。

企业与高校、科研院所合作共同设立科研开发机构、工程技术中心等相对独立的研发机构，旨在将高校、科研院所科研人员的驱动性研究思路转化为新技术并将其商业化。具体内容包括：提出一个特定的研究问题；提供一个能生产新产品或新流程的技术诀窍等。在研究中心合作过程中，产学研三方可以实现资源共享、互通有无，当然前提是各方要权责明确、互相信任。企业在市场价格下，对于合作成果具有优选权。同时，这种方式还是联合培养科研人才的好方法；企业附属研究院是企业提供资金、设备、场所等资源，高校和科研院所提供智力资源，双方共同成立的一种产学研联盟模式。在这种模式的运作过程中，高校和科研院所派科研人员可采取入驻企业或不定期走访等方式。企业成立附属研究院的目的在于可以按照自己的意图展开研究，所研发的技术及产品与市场需求更加契合，特别是与国外高校、科研机构的合作，还可以利用国外先进的技术设备和智力资源对新产品进行开发和研制，有利于将产品打入国际市场；项目联合模式是产学研三方以项目为载体的合作模式，以项目为导向集结各方资源，合作成果各方共享。

二 组织学习理论的研究综述

自从组织学习的概念提出以来，西方组织学习的研究不断得到发展，现已形成一套较为系统的理论，并被应用于管理实践，取得了很好的效果。我国学者对组织学习的关注始于20世纪90年代中期，十几年来，在组织学习理论的研究、推广和应用方面做了许多工作，并取得了一些研究成果。下面主要从组织学习的内涵、内容、类型与层次、过程四个方面对现有文献进行分析与总结。

（一）组织学习的内涵

组织学习的概念首先由 March 和 Simon 于 1958 年提出，虽然已经有 50 多年的历史，但在国内外仍存在着很大的争论。于海波（2004）根据国内外学者对组织学习定义的基本出发点不同，将他们的观点分为三类，即系统和行为观点、信息加工观点和社会互动观点。[①] 其中，系统和行为观点是指从整个组织行为的层次来看待组织学习。哈佛大学心理学家 Argyris 和 Schon（1978）认为组织学习是一个过程，在这一过程中组织成员检查错误和异常，并通过重构组织的行为来纠正它，将探询的结果根植于组织的远景之中；信息加工观点则是从组织对信息加工过程的角度来看待组织学习，Huber（1991）认为，一个组织通过信息加工过程而学习，那么它的潜在行为就会变化；而社会互动观点是从组织中人与人之间的互动关系这个角度来理解组织学习。Senge（1990）就认为学习型组织是指人们在组织中不断扩展产生他们需要结果的能力，不断培养新的思考方式，不断激发集体的愿望，人们不断地学习怎样一起学习。这就是他所倡导的

① 于海波、方俐洛、凌文辁：《组织学习整合理论模型》，《心理科学进展》2004 年第 12 期。

五项修炼，其中强调的是组织中团队成员之间怎样在个人自我超越的基础上进行团队学习。

综上所述，三种不同的观点是从不同的角度对组织学习进行的探讨，归纳起来有以下几个方面：（1）组织学习是组织层面的学习，个人是组织学习的基本个体，即组织要学习，首先需要组织中的每个人进行学习，组织学习只能通过个人的行动来完成。但个人学习并不是组织学习的充分条件，个人学习只有上升到组织的层面、在组织中传播并为其他组织成员分享，才能叫作组织学习。因此，组织学习是描述组织作为一个整体（集体）的学习行为；（2）组织学习是一个学习的过程；（3）组织学习的核心是组织知识；（4）组织学习的目的在于指导组织行为，从而提高组织的适应力与竞争力。

（二）组织学习的内容

企业知识理论认为企业是知识的集合体，知识是企业核心竞争力的基础，也是组织学习的主要内容。

1. 知识的内涵与特征

知识是一个复杂的概念，一直以来，学者们试图对其进行准确的定义，但却始终未达成共识。在知识经济中，知识是人类通过思索、研究和实践所获得的对世界认识的总和。野中郁次郎和竹内弘高（2001）认为知识是“朝真实方向证实人的信念的能动的人的过程”。认为知识是含特殊的上下文内容的、有联系的东西，它依赖于所处情势；知识是动态的，是与人有关的，具有能动的主观的特殊性，在本质上与人的行为和情感有关。①

本书认为知识是人们在实践中所获得的认识与经验等的总和，它镶嵌于特定的情境中并发挥作用。企业知识是贡献于企业目标的组织内个体知识的综合。具体表现为经验、价值观、背景信息等。知识的基本特性主

① ［日］野中郁次郎、竹内弘高：《创造知识的企业：日美企业持续创新的动力》，知识产权出版社 2012 年版。

要有：

（1）知识的主体性

知识总是被某个个人或某个组织所掌握的，因为对知识的理解必须是个人的、主体的、特殊的，有时甚至是难以充分交流的。

（2）知识的内隐性

知识的内隐性是指知识的不可完全表达性，任何知识都含有内隐的成分，知识所具有的一般性特征就是内隐性。它意味着企业知识是通过特定实践而形成的惯例，并且它的使用对企业内部环境具有高度的依赖性。

（3）知识的专业性和互补性

企业内任何知识个体受其理解力和记忆能力的限制只能在特定知识领域实行分工，专业化于某一特定领域；不同类型的知识领域又存在互补性，知识的互补性使个体愿意承担风险去体验其个体经验之外的新知识，因为这使得个体对其专业领域的理解能更加深入和全面。

（4）知识的共享性

与其他资产不同，知识不具有独占性，你把知识传送给别人后，你还拥有这种知识，而且通过互动，你的知识还可能增加。因此，只有将知识进行交流和共享，人类的知识才会不断丰富。组织也是如此，通过知识的交流与共享，可以实现组织知识的创新和增加。

2. 知识的分类

从不同角度可将企业知识划分成不同的类型，主要类型有：

（1）显性知识与隐性知识

显性知识是可以用正式、系统的语言来表述的知识，因此较容易共享、传递和储存，在企业中主要表现为数据、科学公式、说明书、手册等形式。而隐性知识则属于直觉上的、难以用语言清楚表达的知识，它常常嵌于组织和个人的行为、组织规则、日常活动之中。显性知识和隐性知识的区别如表2－2所示。

表2－2　　显性知识与隐性知识的区别

显性知识	隐性知识
理性知识（抽象） 承续性知识（彼时彼地） 数字性知识（理论）	经验知识（具体） 即时性知识（此时此地） 模拟性知识（实践）

资料来源：［德］迈诺尔夫·迪尔克斯等：《组织学习与知识创新》，上海人民出版社2001年版，第384页。

与此同时，Nonaka认为知识是企业的一种“资产”，并将知识资产划分为经验性知识、常规性知识、系统性知识和概念性知识四类。其中，经验性知识与常规性知识属于隐性知识的范畴，而系统性知识和概念性知识则属于显性知识。

（2）个体知识、群体知识和组织知识

按照知识持有者的类型，可以把知识划分成个人知识、群体知识、组织知识三类。一般而言，知识的整体性和复杂性随着涉及人数的增加而扩大。其中，个体知识是存在于组织成员个人头脑中的，表现为个人技能方面的知识，包括特定情势下的知识。而群体知识和组织知识是指在一个群体或组织成员中分布和共享的知识，通常表现为惯例、规则、程序、习惯和共同的行为准则等，这些带有整体性的集体知识是形成企业核心竞争力的关键所在，它保证了一个企业不会因为某个人的离职造成企业核心专长的流失和竞争力的下降。

（3）信息和诀窍

Kough和Zander（1992）把知识划分成信息（information）和诀窍（know—how）两种。[①] 信息是指那些一旦确定解码规则，在转移过程中就不会失去完整性和原意的知识，它包括事实、明了的建议和符号；而诀窍则是人们在工作和生活中长期积累的能够提高效率和成功概率的实践技能和专长。在企业中，信息主要表现为组织的一些程式化文件，如组织结构

① Kough, B. & Zander, U. Knowledge of the Firm, Combinative Capabilities and the Replication of Techology [J]. Organization Science, 1992, 3 (3): 383—397.

图、战略规划书等；而诀窍类知识则镶嵌于企业整体如何有效率地运行、各部门员工如何高效分工协作等一系列活动中，不同企业在这方面的表现差异最终将决定其绩效的高低。

（4）粘滞性知识与流动性知识

从知识传播的维度，可将知识分为粘滞性知识和流动性知识。

当知识传播所需成本越高，越难进行传播，知识的粘滞性越明显，反之，则流动性越强。从企业角度来看，粘滞性知识和流动性知识都是必要的。如果企业知识具有一定粘滞性，传播的过程需要成本，就不易被竞争对手所模仿与学习，可能会成为企业核心竞争力的主体。当然，从企业向其他企业学习的角度来看，流动性知识还是有益于学习的。

（5）内生性知识与外生性知识

按照知识的内外范围，可将知识区分为内生性知识和外生性知识。由于知识产生具有复杂性，可能产生于各层次，因此，这一划分具有相对意义。内生性知识一般是指组织内部产生或组织成员自身拥有的知识，诸如企业的研发能力、核心技术、公关能力、营销管理能力、人力资源管理能力等。而外生性知识是企业从组织外部获取而来的知识，这种知识可以通过购买、合作等方式获得。

（三）组织学习的类型与层次

不同的研究视角导致学者们对组织学习的类型划分有所不同，有代表性的组织学习类型划分是 Argyris 和 Schon（1978）从学习深度进行的分类：单循环学习和双循环学习。单循环学习是指组织在内外部信息交流中努力不断修正自身目标或行动以适应环境变化的过程，它不但是对决策过程的改正，而且是对决策衡量标准的改正。知识的单循环学习过程是以错误的发现和改正的标准控制反馈循环作为特征的，一旦发觉结果和目标不一致，错误改正就会通过改变行为或改变目标来减少不一致。当单循环学习通过简单的错误发现和改正控制机制不再产生预期结果（目标和结果不一致的减少）时，组织要重新考察目标和行为体系下的潜在假设，这就会发生双循环学习过程。如果组织发现当前的假设已经失效，就会对该假设背后的价值观系统进行重新评估。March（1991）认为组织学习可分为开发式学习和利用式学习两种类型。利用式学习是指组织对现有知识、技术等的扩展和完善；而开发式学习是指组织对新知识、技术等的寻求和发现。[①] Crossan（1999）等把开发式学习和利用式学习看作是信息或知识的两个流动过程。[②] 利用式学习是将信息或知识由组织层向集体和个体层次流动的过程；它是一种信息或知识的利用过程，是将组织的知识转化为个体知识，从而逐渐转变个体认识和行为的过程。而开发式学习则是信息或知识由个体层次向集体和组织层流动的过程。它是一种信息或知识的开发过程，是将个体拥有的新知识或新行为整合、转化为组织知识，从而逐步改变组织文化与组织战略等的过程。一些国内学者也根据研究的需要从不同角度对组织学习进行了分类，芮明杰和樊圣君（2001）提出组织学习分为干中学、学中学和学中干三种类型。[③] 王如富等（1999）根据组织学习和知识管理的关系，将组织学习分为显性知识的学习、过程学习和隐性知识的学习三类。[④] 陈国权等（2013）将组织学习视为一个立体动态的循环体系进行系统分析，从组织中的人际交流、知识文档化以及组织流程化三种基本学习方式出发，提出组织学习的跨层面转化机制模型。[⑤] 学者们从不同角度对组织学习类型的划分既丰富了人们对组织学习多元特性的理解，也为人们运用组织学习分析和解决实际问题提供了概念和理论基础。

无论是从哪种角度来看待组织学习，学者们都认为组织学习是在某些

① March J. G. . Exploration and exploitation in organizational learning [J]. Organizational Science, 1991, 2 (1): 71—87.

② Crossan M. , Lane H. , White R. An organizational learning framework: from intuition to institution [J]. Academy of Management Review, 1999, 24 (3): 522—537.

③ 芮明杰、樊圣君：《“造山”：以知识和学习为基础的企业新逻辑》，《管理科学学报》2001 年第 4 期。

④ 王如富、徐金发、徐媛：《知识管理的职能及其与组织学习的关系》，《科研管理》1999 年第 20 期。

⑤ 陈国权、孙悦、赵慧群：《个人、团队与组织的跨层级学习转化机制模型与案例研究》，《管理工程学报》2013 年第 2 期。

层次上进行的。于海波等（2004）对国内外学者关于组织学习层次观点进行了归纳总结，结果显示：个体、团队和组织三个层次得到了大多数学者的一致同意，而组织间学习是许多学者所没有重视的；[①] 在全球经济一体化的今天，企业合作、战略联盟等经济运作形式的日益繁荣足以说明组织间学习的必要性和重要性，中国改革开放以来的实践也证明组织间学习对中国企业尤为重要。

（四）组织学习的过程

任何一个组织要进行学习，都必须科学设计学习的步骤与程序，使组织能够系统地收集、分析、储存、传播和使用与组织绩效及组织成员有关的信息，这就是组织学习过程。学者们基于对组织学习内涵的不同理解，对组织学习过程进行了相应的描述。

Argyris 和 Schon（1978）将组织学习过程划分为发现（discovery）、发明（invention）、执行（production）和推广（generalization）四个阶段，如图 2 - 2 所示。[②] 他们认为，这是组织学习必经的四个阶段，各阶段承担不同的任务：发现阶段——发现预期与实际结果之间存在的差异；发明阶段——寻找解决问题的方案；执行阶段——执行所制订的解决方案；推广阶段——将成功的经验推广到组织的各个部门，使之成为组织的规范、惯例和政策。Huber（1991）从“知识”的角度划分组织学习流程，认为组织学习过程包括知识的获取、分配、解释和储存四个阶段。

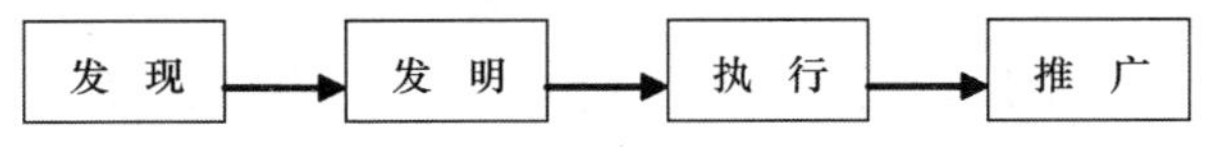

图 2 - 2 Argyris 和 Schon 的组织学习过程模型

① 于海波、方俐洛、凌文辁：《组织学习整合理论模型》，《心理科学进展》2004 年第 12 期。

② Argyris. C. , Schon, D. A. . Organizational Learning: a Theory of Action Perspective [M]. Reading (MA): Addison— Wesley, 1978.

Nonaka 和 Takeuchi（1992）[①] 将知识分为显性知识和隐性知识两种，并从知识的这两种形式出发，对组织学习的过程进行了论述，提出了组织内知识转化的四种模式，即：（1）外在化（externalization），组织学习是从个人之间共享隐性知识开始的，隐性知识在团队内共享后经整理转化为显性知识；（2）组合化（Combination），团队成员共同将各种显性知识系统地整理为新的知识或概念；（3）内在化（internalization），组织内各成员通过学习组织的新知识和新概念，并将其转化为自身的隐性知识，完成知识在组织内的扩散；（4）社会化（socialization），拥有不同隐性知识的组织成员互相影响，完成社会化过程。这样，一轮组织学习的过程就完成了。[②]

我国学者陈国权和马萌（2000）对 Argyris 和 Schon 的模型进行了分析，认为这一模型所反映的组织学习是一个不完整的过程，没有反映学习的动态特征。与此同时，也不能反映组织学习是一个螺旋上升的过程。因此，在这一模型的基础上，增加了"反馈"环节和知识库，提出了改进的组织学习模型，认为组织学习过程是由"发现"、"发明"、"执行"、"推广"、"反馈"这五个阶段以及一个"知识库"组成。"反馈"就是使组织能得到结果方面的信息，对企业的运作程序加以改进使其更符合预期的企业目标或进一步对企业的目标进行调整以更好地适应不断变化的外部环境要求，这些都会作用于下一轮的学习。此外，组织学习的过程还是一个知识不断积累、转化和共享的过程，这就是知识库的作用。组织学习的这些阶段都有知识的产生、流入和流出，组织通过知识库沉淀知识，使其得到很好的保留、运用、共享以及深化，从而丰富组织的知识资产。知识库与组织学习的五个阶段都有双向的相互作用。[③]

---

① Nonaka I. , Takeuchi H. The Knowledge Creating Company: How Japanese Companies Create the Dynamics of Innovation [M] . New York: Oxford University Press, 1995, 21—56.

② Huber, G. P. . Organizational Learning: The Contributing Processes and the Literatures [J]. Organizational Science, 1991, 2: 88—115.

③ 陈国权、马萌:《织学习的过程模型研究》,《科学学报》2000 年第 3 期。

通过以上述评，组织学习流程基本上可分为知识（信息）获得、知识（信息）共享、知识（信息）运用和知识（信息）储存四个阶段。在这四个阶段中，知识（信息）共享对于组织学习极为重要，这是与个体学习的主要区别。组织只有将所获得的知识（信息）传播到组织的各个部门，让所有的组织成员理解这些知识（信息），组织学习才能取得良好效果，从而提高组织绩效。另外，知识（信息）储存也是组织学习的一个重要阶段，它将组织学习的成果保存下来，形成组织记忆，以供组织未来使用。

三　组织间学习的研究综述

在组织学习理论的研究中，有一个前提假设，即把企业当作一个有固定边界的自持系统，相对独立于外部环境中的其他行为者。随着信息技术的发展，组织间的联系、交流和沟通更加便捷，组织与组织之间既是竞争者又是合作者，其主题是适应环境、获取信息、制定规则、集体构建组织宗旨和组织记忆。为了在复杂多变的外部环境中保持竞争优势，组织不仅要重视组织内学习，更要关注组织间学习。通过组织间学习，组织能够跨越组织边界获取其他组织的知识和技能，使其知识来源渠道和知识结构更为丰富，从而弥补组织内部学习的不足。学者们对于组织间学习的研究，主要从以下几方面展开：

（一）组织间学习的内涵

Prahalad 和 Hamel（1990）研究发现，随着环境与技术的变动，越来越多的知识都是通过组织外部进行各种不同类型或领域的技术合作而取得的，并且也都能够产生组织学习与知识积累。① Badaracco（1991）认为，通过合作活动，组织知识可以穿越组织边界流动于成员间。因此，如何管

① Prahalad, C. K. , & Hamel, G. The core competencies of the corporation [J]. Harvard Business Review, 1990, 68 (3): 79—91.

理成员间的知识，就成为组织间学习的重要内涵。[①] Lane（1998）等人认为组织间学习就是企业获取和使用合作伙伴知识资源的手段。[②] Child（1998）认为组织间学习的本质是在网络中为提高未来的绩效而获取、传播和保持新知识的能力。[③] 知识常常是模糊的而且是很难定价，所以对于那些没有特殊技能的企业来说，要想从市场上买到这些技能是非常困难的，组织间关系无疑为组织间的知识交流提供了有效途径。Dickson（1997）更认为组织间学习是一个企业能够拥有并能用之保持竞争优势的最有价值的资源。[④] Dodgson（1993）认为："伙伴之间有效的学习依靠一种根植于组织的行为模式中的信任'气候'的建立，加上合作中的互利的信念的支撑。"[⑤] Dyer 和 Singh（1998）将组织间学习描述为特定联盟合作环境的知识获取与发展，是运用联盟合作层面的知识搜寻机制去发现、创造组织内外部知识。Hartley 和 Allison（2002）提出组织间学习是企业与其他组织为实现各自的战略目标，进行双边或多边的相互学习过程。张毅、张子刚（2005）认为组织间学习是指通过向其他的组织学习来获得组织发展所需要的知识和技能，并且在将外部知识进行内部化的过程中产生一定的新知识。[⑥] 李垣等（2008）指出，应从知识收集、转移、应用以及再创造四个方面的行为考察组织间学习。

综上所述，组织间学习是组织为了获得持续竞争优势、不断提升组织绩效，在特定的组织间网络中，通过组织间合作进行知识转移与共享、整合与创造、吸收与运用的双边或多边的互动学习过程。

---

① Badaracco, J. L. The knowledge link: How firms compete through strategic alliances [M]. Boston、MA: Harvard Business School Press, 1991.

② Lane P. J. , Lubarkin M. Relative absorptive capacity and inter—organizational learning [J]. Strategic Management Journal, 1998, 19 (5): 461—478.

③ Child, Strategies of Cooperation: Managing Alliances, Networks, and Joint Ventures [M]. NewYork: Oxford University Press, 1998, 46—68.

④ Dickson, P. & Weaver, K, M, Environmental determinants and individual level moderators of alliances [J]. Academy of Management Journal, 1997, 40: 404—425.

⑤ Dodgson, Organizational Learning, A Review of Some Literatures [J]. Organization Studies, 1993, 14: 375—394.

⑥ 张毅、张子刚:《业网络与组织间学习的关系链模型》,《科研管理》2005 年第 26 期。

与组织内学习相比，组织间学习具有以下特点：

首先，组织间网络是组织间学习的环境或平台，这个网络是由两个或两个以上在法律和经济上彼此独立的组织所构成的，这些组织之间往往是既有合作，也有竞争；既有共同利益，也有自身利益；既有共享知识的愿望，也有保护“自有知识”的本能。在组织间网络中，可形成双边或多边的互动学习。

其次，建立在组织间互动、互信、互惠基础上的知识转移与共享、整合与创造、吸收与运用等过程是组织间学习的机制。

最后，利用组织间网络的知识资源构建自己的核心竞争力、提高组织绩效，是组织间学习的根本目的。

（二）组织间学习的具体模式

组织间合作形式主要有战略联盟、虚拟组织等，企业在这些合作性组织中所表现出的组织间学习模式各不相同。具体内容如下：

1. 战略联盟学习模式

战略联盟是组织学习、获得新知识的一种重要方式。其核心在于学习联盟伙伴的经验性知识。通过缔结战略联盟，创造一个便于知识分享、转移的宽松环境，可以使经验性知识有效地移植到联盟各方，进而扩充乃至更新企业的核心竞争力，真正达到企业间合作的目的。

David Lei（1997）研究了战略联盟与组织学习的关系。认为在战略联盟的不同发展阶段（伙伴选择、计划/谈判、实施/控制）联盟各方应根据三个要素（核心活动的特征、知识类型、企业报酬系统）动态地调整组织学习。[①] W. Schoenmakers 和 G. Duysters（2006）通过实证研究的方式检验了技术型战略联盟对组织学习的影响，研究结果发现：与联盟一致的企业前联盟知识基础与其在联盟中的学习程度呈倒“U”型关系，对于这样的企业，结成以学习为目的的联盟比无学习联盟或无联盟企业显示出

---

① David Lei, John W. Slocum, Jr Robert A. Pitts. Building Cooperative Advantage: Managing Strategic Alliances to Promote Organizational Learning ［J］. Journal of World Business, 1997, 32（3）: 203—222.

更好的增长，这表明学习型联盟作为组织学习与能力发展的重要促进作用。[①] 闫立罡、吴贵生（2006）提出通过与外国公司建立战略联盟是提高中国企业技术能力的重要方式，技术所处阶段决定了所需建立的战略联盟类型。在技术研发阶段适宜建立合作开发联盟，在技术应用阶段建立生产联盟，在技术扩散阶段建立技术转化联盟。[②] 从以上观点可以看出，战略联盟与组织学习是互相促进、互相发展的关系，一方面应根据联盟的不同发展阶段选择不同的学习内容与方式；另一方面联盟内的有效学习也能确保联盟的稳定并促进其不断发展。

学者们对战略联盟内组织间学习过程的认识基本上是以 Huber 提出的组织学习流程为基础的。Levinson（1995）认为组织间学习过程包括：认识与识别新知识；传递/整合新知识；运用新知识调整行为以达到预期产出目标；通过反馈什么正在发生着和调整的联盟行为形成制度化知识。[③] J. G. Cegarra—Navarro（2005）实证检验了中小企业战略联盟的关键要素——两类学习（探索式学习、开发式学习）以及它们对学习过程的影响，提出战略联盟中的学习过程不是线性的。[④] 黄嫚丽、蓝海林（2005）从吸收能力的视角探讨了组织间学习过程，认为吸收能力的三个方面（认识能力、消化能力和应用能力）与组织学习过程的三个阶段（理解、内化和应用）是相对应的，认识能力、消化能力和应用能力是吸收能力在三个不同学习阶段的不同侧重点。[⑤]

2. 虚拟组织学习模式

布·赫德伯格（2001）从知识创新的角度总结出虚拟组织中的四种

---

① W. Schoenmakers& G. Duysters. Learning in Strategic Technology Alliances [J]. Technology Analysis & Strategic Management, 2006, 18 (2): 245—264

② 闫立罡、吴贵生：《中外战略联盟中的组织学习与企业技术能力的提高》，《软科学》2006 年第 20 期。

③ Levinson. Cross—National Alliances and Inter—organizational Learning . Organizational Dynamics, 1995, 24 (2): 50—63.

④ J. G. Cegarra—Navarro. An empirical investigation of organizational learning through strategic alliances between SMEs. Journal of Strategic Marketing, 2005 (13): 3—16.

⑤ 黄嫚丽、蓝海林：《基于吸收能力的联盟企业组织学习研究》，《科技管理研究》2005 年第 10 期。

学习模式：社会化、清晰化、组合化和内在化，[①] 如图 2－3 所示。社会化是参与虚拟组织的个体可以在一起为一个项目合作工作，因此，有机会创立相互的模糊知识，即共同常规；清晰化是在虚拟组织中，不同行为者的不同背景需要人们清楚阐述个人观念。阐述的内容可以储存在虚拟组织的人工存储器中（例如，共同拟定的标准操作程序和其他正式规则）；组合化是当一种特征清晰的技术知识转移给虚拟组织的其他成员时，共同的组织存储系统就以书面文件的形式扩大了；内在化则指来自于其他组织存储的知识以及由个体传送的知识，可以记录在共同储存中并加以详细说明。虚拟组织中的成员如果发现这种知识对协作是重要的，就会本能地使用这种知识。

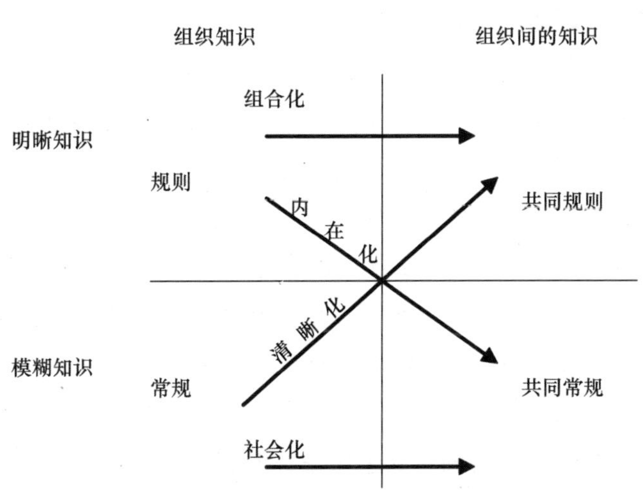

图 2－3　虚拟组织中的四种学习模型

（三）影响组织间学习效果的主要因素

学者们从不同视角提出的影响组织间学习效果因素各不相同。Levinson（1995）提出影响组织间学习效果的主要因素有四个，即文化、结构、

① 引自［德］迈诺尔夫·迪尔克斯等《组织学习与知识创新》，上海人民出版社 2001 年版，第 571 页。

技术与吸收能力。① 其中，文化中所含变化程度决定所发生的学习，文化的制度化程度影响组织学习的倾向性，文化对组织整体发挥作用；结构变量主要涉及结构类型、联盟网络中的组织数量、各组织的位置等；技术影响着结构的类型与密度，从而影响着组织间学习的方式；吸收能力是组织中技术性学习的基础，任何层面的共享知识联系有利于吸收能力要素在整个联盟内的传播。

Inkpen（1998）从联盟知识的可得性及知识获得的有效性角度认为，影响联盟成功学习的因素可分为三大类即联盟知识的可得性、知识获得的有效性和学习连接。② 其中，联盟知识的可得性是指联盟知识的可转移性，知识获得的有效性主要是指组织吸收转移知识的能力，学习连接则主要是指联盟企业把在联盟中吸收、获得的知识有效地转移到母公司，变成母公司的能力。联盟知识的可获得性越强，即联盟知识的可转移性越强，学习连接系统越好，越有利于成功的联盟学习。同时，联盟知识的获得或转移会受到伙伴的防卫、伙伴间的信任、知识的隐喻性及伙伴经验等因素的影响。在激烈竞争的环境中，企业可能出于知识外泄的风险而不情愿与伙伴分享知识。如果合作伙伴是竞争对手或潜在的竞争对手，那么，企业就更没动力与伙伴分享知识。因此，伙伴防卫能力越强，联盟知识的可得性越难；反之，可得性越易。伙伴间的信任可适度减少相互间的防卫意图，伙伴间的信任度越高，联盟企业的决策者越感到没有防范伙伴机会主义行为的必要。因此，联盟知识的可得性越强；反之，可得性越差。

Larsson（1998）从有利于联盟中集体知识发展角度提出有利于组织学习的要素有：伙伴间的相互作用、高学习目标、信任和长远目标定位。③

迈诺尔夫·迪尔克斯（2001）则认为，影响战略联盟组织学习的因

① Levinson. Cross—National Alliances and Inter—organizational Learning [J]. Organizational Dynamics, 1995, 24 (2): 50—63.

② Andrew C. Inkpen. Learning and knowledge acquisition through international strategic alliances [J]. Academy of Management Executive, 1998, 12 (4): 69—79.

③ Larsson. The Inter—organizational Learning Dilemma: Collective Knowledge Development in Strategic Alliances [J]. Organizational Science, 1998, 9 (3): 285—295.

素分为两种，一种是合作者的学习意图；另一种是联盟企业的学习能力。合作者学习意图越强，在联盟中学习的知识越多。[①] Hamel（1991）指出，为了实现联盟所提供的学习机会，合作者必须重视学习，并有意识地思考怎样学习。在学习过程中，联盟企业的学习能力受组织知识转移能力、接受能力、核心能力以及过去经验的影响。转移能力是指知识从一方转向另一方的能力；组织对新知识的接受能力越强，学习到的东西就越多；核心能力是指在联盟合作时，联盟双方必须在技术、系统和战略三种知识上具备一定的能力。如果合作双方不能从战略上认识到联盟的意义，则会降低他们相互交往的层次。为了最大限度地创造利用所获得的新知识和新技能，就需要系统层面的能力，如从整体上重新配置企业的能力、资源及结构。技术能力指合作者需要拥有吸收应用新技术知识的能力；以往经验指在原来联盟形成的经验及与同一伙伴合作的经验。

葛京（2004）指出企业的学习意图、学习可能性和学习能力是影响企业在战略联盟中学习效果的因素。[②] 孙卫忠等（2005）发现，个人学习和知识共享者的自身因素、传统组织的结构形式、组织文化、组织中的技术环境等都会对组织学习、知识共享产生影响。[③] 而张成考等（2006）在研究虚拟企业组织间学习影响因素时认为，组织之间的信任程度、学习意图、合作伙伴知识属性、组织学习能力等四个因素对知识转移和组织间学习的影响程度很大。[④] 龚毅、谢恩（2005）指出，影响联盟中知识转移效率的因素包括管理差异、技术差异、联盟中的沟通、社会控制、正式控制等。[⑤]

---

① ［德］迈诺尔夫·迪尔克斯等：《组织学习与知识创新》，上海人民出版社 2001 年版，第 514—517 页。

② 葛京：《战略联盟中组织学习效果的影响因素及对策分析》，《科学学与科学技术管理》2004 年第 3 期。

③ 孙卫忠、刘丽梅、孙梅：《组织学习和知识共享影响因素试析》，《科学学与科学技术管理》2005 年第 7 期。

④ 张成考、吴价宝、纪延光：《虚拟企业中知识流动与组织间学习的研究》，《中国管理科学》2006 年第 14 期。

⑤ 龚毅、谢恩：《中外企业战略联盟知识转移效率的实证分析》，《科学学研究》2005 年第 23 期。

四 研究述评

根据以上对产学研联盟、组织学习、组织间学习文献的梳理，我们可以得出：

（一）优点

第一，关于产学研联盟的研究理论基础雄厚，研究成果较丰富。国内外学者分别利用交易成本理论、资源依赖理论、系统理论、战略行为理论、组织学习理论等，从交易费用、资源、战略、学习等多个层面，对介于市场和组织之间的中间性组织——产学研联盟的内涵、特征、成因、运行模式等方面进行了详细的分析和研究，并取得了较为丰富的研究成果。虽然看法不一，但我们却可以从不同角度、不同阶段的研究结果中去发现共性、认识整体，即产学研联盟是指企业、高校和科研机构，基于一定的制度和因素联系起来，相互协调，互相合作，利益共享、风险共担，实现既定目标的经济实体。在知识经济时代，在全球化激烈竞争环境大背景下，组织学习理论成为解释产学研联盟形成动因的最有说服力的理论。

第二，组织学习理论研究完善，并逐渐开始重视组织间学习层次的研究。国内外学者从组织学习的内涵、类型与层次、过程等方面作了较系统的研究，取得了较丰富的研究成果，也为进一步的研究打下坚实基础。从组织学习的层次角度，学者们对个体层次、团队层次和组织层次的研究成果非常丰富，自 20 世纪 90 年代开始，学者们开始关注组织间学习问题。克劳斯·马卡基那、迈诺尔夫·迪尔克斯、布·赫德伯格分别对跨国公司、战略联盟和虚拟企业的组织学习模式进行了研究，与此同时，学者们从不同侧面分析了影响组织间学习效果的主要因素。

（二）有待于进一步研究的问题

通过文献梳理，可以发现：虽然国内外学者对于组织间学习已有了较为丰富的研究成果，但是对于组织间学习过程的规律性认识仍旧没有统一，理论需要进一步系统化，也有待于进一步进行实证检验。特别是关于产学研联盟组织间学习这一问题，还需要在以下方面予以深入研究：

第一，产学研联盟组织间学习机制分析。在产学研联盟环境下，组织间学习有什么特点？它与其他类型的组织间学习有何本质的区别？要回答这些问题，需要对产学研联盟组织间学习的内涵与特征、学习类型与学习内容、学习过程与机制进行深入的理论分析。

第二，产学研联盟组织间学习影响因素的系统分析。通过前面的文献综述可以看出，国内外学者对这一问题的研究角度各不相同，有的侧重于企业本身因素，有的则关注知识属性方面的因素，并未形成一个统一、系统化的模型。而若要在产学研联盟背景下提升组织间学习效果，需要弄清楚影响产学研联盟组织间学习的关键性因素有哪些？它们的重要程度有何不同？以此为基础，才能提出产学研联盟组织间学习管理的有效策略和建议。

第三，研究产学研联盟组织间学习与组织绩效的关系。企业在产学研联盟中的组织间学习效果如何最终将通过组织绩效体现出来。因此，需要研究组织间学习与组织绩效的关系如何？在不同性质的联盟中，诸如不同的联盟形式、联盟关系嵌入构型、联盟控制方式，两者之间的关系有何变化？这些问题的回答将成为企业进行联盟设计与管理的重要依据。

五 本章小结

本章分别对产学研联盟、组织学习理论、组织间学习进行了文献梳理，发现产学研联盟、组织学习两个领域的研究成果较丰富，但产学研联盟中的组织间学习是一个研究的空白点，尤其缺乏针对中国企业的实证研究。而这正是本书的研究与探索方向。

第三章　产学研联盟组织间学习机制分析

产学研联盟是企业进行组织间学习的一个有效平台。在产学研联盟中，一方面企业可以获取和共享联盟中已有的知识；另一方面通过与联盟伙伴的互动还可以创造新的联盟知识并为各方所共享。因此，在产学研联盟中开展组织间学习成为企业获取竞争优势的一个重要来源。然而，现实中，不同企业在产学研联盟中的组织间学习效果各不相同。因此，探究产学研联盟组织间学习机制，以提升组织间学习效果是亟待研究的问题。本章以组织学习理论为基础来界定产学研联盟组织间学习的内涵与特征，探讨产学研联盟组织间学习的类型，阐明产学研联盟组织间学习的内容，剖析产学研联盟内企业与大学、科研机构的组织间学习机理。

一　产学研联盟组织间学习的内涵与特征

（一）产学研联盟组织间学习的内涵

Bernard L. Simonin（1997）认为企业战略联盟组织间学习是指通过联盟企业间的相互作用与联系、沟通与交流、阐释和理解来获取、使用、创造和开发有价值知识的过程。① 这一过程会给企业带来许多新的知识和信息，比如关于市场、顾客、新的工作方法以及联盟管理技能等的知识。

---

① Bernard L. Simonin. Ambiguity and the process of knowledge transfer in strategic alliances [J]. Strategic Management Journal, 1999, 20 (7): 595—623.

Lane 和 Lubtkin（1998）认为组织学习是个体、团队和组织间持续的、双向的互动过程。它同时具有个体和社会两种成分：个体成分会导致个体知识（ individual knowledge）的产生，社会成分能够为企业带来共同知识（common knowledge）。[①] Kogut（1988）认为组织学习是企业把其个体知识和共同知识整合并转化为私有知识的过程，其最终目标是把这种私有知识变为产品、体制、结构、程序和战略，并在此基础上实现企业的优异绩效。[②] Colombo（2003）认为在战略联盟的背景下，组织间学习是指通过与联盟企业相互作用而获得的企业能力的增加。[③]

综上所述，本书认为产学研联盟组织间学习是指在产学研联盟中，企业通过与高校、科研机构的相互沟通与交流来获取、开发、创造与使用知识，从而提高企业能力与绩效的一个动态过程。

（二）产学研联盟组织间学习的特征

与其他组织间网络中的学习相比，产学研联盟组织间学习具有以下特征：

1. 产学研联盟是组织间学习的一个有效平台

企业知识理论认为，企业是异质性知识的集合体，正是这些异质性知识（更准确地说是隐性知识）构成了企业的竞争优势。然而，知识存在着老化与过时现象，需要企业不断地予以更新。更新的途径主要有三种：企业内部、通过战略联盟合作方式获取和从外部市场购买。内部开发的时间缓慢和市场交易的困难，使得战略联盟成为企业学习的理想平台，为企业获得并积累知识提供了通道（Kogut，1988）。战略联盟被普遍视为知识传递和形成网络知识的有效方式。Dyer 和 Noveoka（2000）指出，联盟网络是从较弱的二维联系演化为较强的网状结构，在知识的产生、转移和整

---

① Lane & Lubtkin. Relative absorptive capacity and inter—organizational learning [J]. Strategic Management Journal, 1998, 19, 461—477.

② Kogut, B. Joint ventures: Theoretical and empirical perspectives [J]. Strategic Management Journal, 1988, 9: 319—332.

③ Colombo, M. G. Alliance form: a test of the contractual and competence perspectives [J]. Strategic Management Journal, 2003, 24: 1209—1229.

合方面比公司内部更有效。[①] Podolny 和 Page（1998）总结了社会网络促进组织学习的两种方式：第一，知识的迅速传递；第二，提供性质完全不同的全新知识。产学研联盟建立的一个重要前提是各方知识资源的异质性和互补性。企业与高校、科研机构结成产学研联盟，联盟伙伴的多元化和多样化提供了广泛的知识基础。在产学研联盟中，因为合作活动的进行，组织间边界变得可渗透，而组织知识也会在联盟成员之间流动。以契约或股权关系为基础，联盟伙伴在合作中建立了相互依存、互利互惠的关系，这种关系有利于各方在互动学习中实现隐性知识的转移和共享，并能有效进行知识创新和创造。而隐性知识正是企业所迫切需要的，企业竞争力尤其是核心竞争力的培育更多的是依靠隐性知识的积累。

2. 产学研联盟中的组织间学习是一种互动式学习

企业知识理论认为，企业对外部知识的学习有三种方法，即被动学习、主动学习和互动学习。被动学习发生于企业需要有关技术、管理过程等明晰知识的场合；主动学习（如标杆学习）是通过主动地选择学习对象（往往是竞争对手）进行学习。这种学习往往是间接的，通过“远距离”观察来进行的，所以只能获得一些明晰的、易于观察、模仿并能够清楚表达的知识，即显性知识。互动学习则要求学习者与被学习者都参与到知识转移的过程当中，通过“干中学”和“用中学”进行多层次的交流，从而促进隐性知识的扩散。产学研联盟中的组织间学习是一种互动式学习，即在产学研联盟组织间学习中，企业、高校、科研机构三者之间的知识流动不是单向的，而是双向的，通过各组织人员面对面地相互交流与切磋，相互之间不仅可以学习到那些显性知识，更重要的是可以有效接触彼此的隐性特征更强的部分，即为什么和如何做的知识。Lane & Lubatkin（1998）认为这些知识嵌入在企业的社会背景下，使其更独特、不可模仿，因此能更好地创造战略价值。[②]

---

① Dyer and Noveoka. “Creating and Managing a High—Performance Knowledge—Sharing Network：the Toyota Case,” Strategic Management Journal. 2000，21（3）：345—367.

② Lane & Lubatkin. Relative absorptive capacity and inter—organizational learning［J］. Strategic Management Journal，1998，19（5）：461—477.

3. 产学研联盟组织间学习是一个共享与创造知识的过程

产学研战略联盟中，组织学习扮演了双重的角色：不仅可以使企业与合作伙伴获取对方所拥有的知识，还会创造新的知识。在学习过程中，首先需要合作各方共享知识，即彼此间进行知识交流，知识共享是合作各方进行知识获取和利用的前提。在此基础上，企业与其联盟伙伴通过互动进行知识创造。Nonaka（2001）认为知识创造要经历社会化、外在化、组合化和内在化过程，一方面企业将从联盟伙伴处获取的知识进行整合，消化、吸收形成自己的知识，这就是一种知识的创新；与此同时，各方在产学研联盟这个合作平台中，通过互动、交流与合作，探索开发出新知识。因此，从本质上来讲，产学研联盟组织间学习是一个共享与创造知识的过程，而且是一个螺旋上升的过程。

4. 企业开展产学研联盟组织间学习的目标是能力与绩效的改善与提升

企业通过组建产学研联盟平台，彼此知识共享，可以充分利用外部知识资源，通过互补和协同效应实现外部知识的内部化和整体知识的优化整合，这些知识可以通过研发、生产和制造转换为产品、工艺和服务，从而促进企业竞争力与绩效的提升。

二　产学研联盟组织间学习的类型

从不同角度，可以把产学研联盟组织间学习划分为不同类型。

（一）单向学习、双向学习和多向学习

根据知识在联盟成员之间的传播方向，联盟中组织间学习可分为单向学习、双向学习和多向学习。[①]单向学习主要是指各联盟成员自己单方面学习其他合作伙伴的知识与技能；双向学习则是联盟成员相互学

① 王宏起、刘希宋：《高新技术企业战略联盟的组织学习及策略研究》，《中国软科学》2004 年第 3 期。

习，双方的学习范围有很大程度的交叉；多向学习则是各联盟成员在整个联盟网络内系统地学习，共享联盟中获得的知识，共同合作创造新的知识。

在产学研联盟发展过程中，不同的阶段表现为不同的学习类型。在联盟伙伴选择阶段，企业的主要目标是选择到合适的合作伙伴、签订合作契约和确定合作模式以及联盟目标的一致，此时的组织间学习是一种单向学习，还没有形成合作伙伴之间知识的交流和共享。随着联盟的发展，合作伙伴之间开始相互影响，成员之间的互动联系增多，学习以双方的互动学习为主，开始进行大量的隐性知识转移，并随着联盟各方的合作意识和相互依赖性的增强而日益突出其重要性。这时，各成员将有针对性地学习合作伙伴的互补性知识，将其作为提高自己主导优势和核心竞争力的重要途径和手段。随着联盟成员之间的关系更加紧密和稳定、高度信任的形成，为了维持联盟关系、争取共赢的结果，各联盟成员会主动地投入资源、建立共同目标，联盟内的多向学习就成为学习的主要方式，具体表现为一方面内化显性知识，促使自身知识存量增加；另一方面外化隐性知识，让合作伙伴也得到好处。

（二）探索型学习和利用型学习

根据知识流动的过程与结果，联盟中组织间学习可分为探索型学习和利用型学习。探索型学习是联盟伙伴进行知识的创造和获取，强调通过联盟合作共同创造知识；利用型学习则强调知识的应用，通过合作利用现有知识。对于联盟合作各方而言，探索型学习和利用型学习是互补的关系，在合作过程中会同时采用这两种学习方式。Levinthal 和 March（1993）认为利用型学习能确保企业现在的生存，而探索型学习则决定着其未来的发展。① 然而，在产学研联盟合作过程中，企业在不同阶段会有不同的侧重学习方式。首先，联盟合作各方对现有知识进行共享，

① Levinthal & March. The myopia of learning [J]. Strategic Management Journal, 1993, 14: 95—112.

共同利用已有知识，互通有无，这就是利用型学习。随着时间的推移，合作各方可能会不满意当前的学习方式所带来的学习效果，就像 Levinthal 和 March（1993）指出的："仅仅进行利用的组织一般都会变得过时。"① 当现有知识不足以满足联盟成员有效应对外部环境的变化、激烈的竞争，联盟各方就需要在原有基础上通力合作，共同进行探索型学习，从惯例化和重复利用的过程进入一个试验性的探索过程。试验结束后，联盟成员开始从持续的探索到持续的利用转变，通过联盟规范对如何利用知识达成一致。

三　产学研联盟组织间学习的内容

在产学研联盟中，合作各方在资源、技术、技能、管理风格等方面具有差异性和补充性。这样的异质性会使组织间学习的内容多样而丰富。产学研联盟组织间学习为处于联盟中的企业接近联盟伙伴的显性知识和隐性知识提供了一个很好的机会，联盟各方在产学研联盟中欲获取的知识类型无疑是与其学习目标相联系的。一般而言，包括以下学习内容：

（一）联盟伙伴现有知识

积极地了解和学习伙伴知识是产学研联盟组织间学习非常重要的内容，它能增加伙伴合作的机会，有效地促进产学研联盟稳定向前发展。企业共享于知识库的知识主要有：企业价值观、企业组织结构、组织体制与组织规程、顾客与市场需求知识、企业与竞争对手的科研实力比较、企业管理经验与知识、员工档案、合作客户档案、数据库、音频视频资料、产品说明书、专利技术、科研人员简历等各种文档记录；大学、科研机构共享于知识库的知识主要有：专业理论知识、技能性知识、基础研究性知识等。

---

① Levinthal & March. The myopia of learning［J］. Strategic Management Journal，1993，14：95—112.

（二）联盟合作创造的新知识

Inkpen（2000）将战略联盟合作创造的新知识称为是“联盟知识”[①]。联盟知识具有以下特点：正是因为战略联盟为伙伴间的交流创造了一个好的平台，联盟知识才能够产生。如果企业不参与到战略联盟中它就不可能接触到这些知识；联盟知识创造的前提是联盟各方知识的共享；这类知识在联盟协议之外对于企业也是有价值的，可以用于开拓新地域的产品、市场和商务活动，可用于提升企业战略、运营等方面的能力；迈诺尔夫·迪尔克斯（2001）按照等级将联盟知识划分为技术级的、系统级的和战略级的知识。[②] 技术级的知识是指新的具体技术的获得，这一等级的知识在广义上与单环学习或常规学习相适应；系统级知识是有关组织体制和程序的知识，这一概念与双环学习相对应；战略级的知识是关于高级管理人员的思想倾向，他们对组织成功的准则以及对成功的关键因素所持认识的思维模式。

（三）联盟设计与管理知识

联盟设计与管理知识主要涉及联盟环境、联盟任务与目标、联盟管理技能、联盟运行的规则与规范等方面的知识。这类知识的学习有利于改善企业的管理机制，减少与伙伴的冲突，促进战略联盟的发展。同时，可用于企业应对与管理未来的战略联盟。Inkpen（2000）提出，那些拥有联盟经验的企业要比其他没有这些经验的企业更可能“复制”建立企业网络的行为。[③] 其中，企业学习联盟环境知识涉及联盟内部环境和联盟外部环境两个方面。联盟外部环境因素主要包括政治、法律、经济、技术、文化等方面因素，这些因素会给联盟提供机会或造成威胁从而对联盟产生影

---

① Andrew C. Inkpen. Learning through Joint Ventures：A Framework ofKnowledge［J］Acquisition. Journal of Management Studies，2000，37（7）：1019—1043.

② ［德］迈诺尔夫·迪尔克斯等：《组织学习与知识创新》，上海人民出版社2001年版，第509页。

③ Andrew C. Inkpen. Learning through Joint Ventures：A Framework of Knowledge Acquisition［J］. Journal of Management Studies，2000，37（7）：1019—1043.

响。内部环境是指企业及其合作伙伴的资源和条件，需要企业了解和掌握伙伴和自身的产品研发能力、专利与技术诀窍、品牌、企业文化等方面以及彼此的互补程度。通过对环境的学习，企业能够发现新的机会、新的资源和新的能力；为了使产学研联盟获得成功，需要合作各方通力协作，共同完成联盟任务与目标。不同的产学研联盟会有不同的联盟任务与目标，一般定位在产品的研发、核心竞争力的提高等有重要影响的活动上；一个联盟的发展通常会经历识别与选择联盟伙伴、谈判、监督与管理、中止四个阶段，每一阶段的合作都会对应一定的技能与知识，具体表现为伙伴选择、谈判、管理等方面的知识和退出技能。这些知识和技能的学习和积累有助于今后的联盟形成与运作。另外，联盟合作双方在互动中，会形成共同的价值观以及约束和激励彼此行为的规范和惯例，并为联盟各方所共同认可，它们也是所要学习知识的一部分，这些知识包括联盟各方默认的行为准则、规范等。

四　产学研联盟组织间学习机制

机制是指系统内各要素之间相互联系、相互作用、相互制约的内在机理。组织间学习机制则是指产学研联盟作为一个系统，处于其中的企业与大学、科研机构开展组织间学习的内在原理与活动方式。本节以组织学习理论为基础，分析了产学研联盟内组织间学习的运行机制、动力机制和保障机制。其中，运行机制是根本，动力机制是关键，保障机制是保证。三者的互动作用共同促进了产学研联盟内组织间学习系统的正常、有序运行。

（一）产学研联盟组织间学习的运行机制

了解组织间学习的运行机制，有助于辨别促进或阻碍组织间学习的因素，有助于设计组织间学习影响因素的指标体系。由于知识具有载体性，因此组织间学习需要在产学研联盟情境中通过组织间人员的互动交流来完成。Burt（2004）提出“中间人”的概念，认为“中间人”要有效弥补

“结构洞”，促进组织间的合作。[①] 在产学研联盟中，合作各方根据联盟合作目标选择相应的人员进入联盟。在互动交流中，一方面各方会将有利于合作的知识进行共享，并存储于联盟知识库中。具体来说，企业需要学习上述三种类型的隐性知识，这些知识对企业的竞争优势至关重要。在学习联盟伙伴知识的过程中，企业需要将所需要的知识转移到企业内部，并进行吸收和内化，转变成自己的知识，才能发挥这些知识的内在优势。与此同时，企业还要在联盟中与伙伴进行交互学习，来创造联盟新知识。在相互交流和学习过程中，通过共享各方的知识，相互启发和探讨，从而产生新知识。在这一阶段，联盟企业不但实现了联盟的目标，而且通过共同完成联盟的任务，加深彼此依赖程度，增强协调解决问题的能力，并能获得自己原先不具有的知识，为自身的创新打下坚实的基础。在学习联盟设计与管理知识时，企业通过加入该联盟就可以获得这些联盟知识，并将这些知识进行吸收和内化。产学研联盟内组织间学习运行机制如图 3－1 所示，企业与联盟伙伴将各自知识共享于联盟知识库中，通过互动交流进行联盟知识创造，创造出的新知识和双方共享的知识会通过一定渠道被转移到企业和联盟伙伴知识库中，被转移的知识在企业中经历知识获取、知识吸收、知识内化、知识创造过程，使企业获得知识的增加乃至能力的提升。

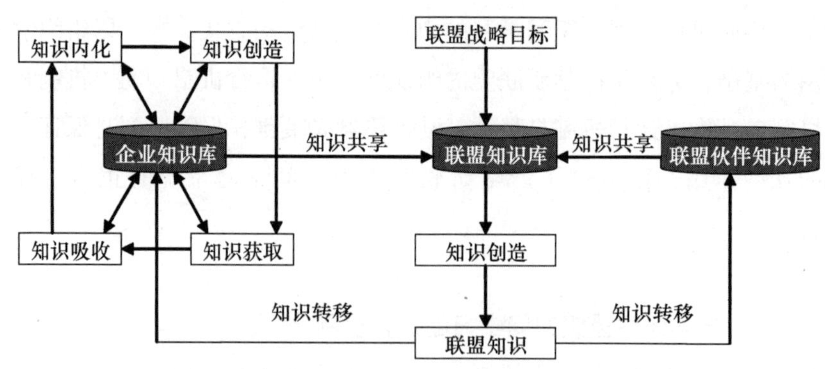

图 3－1　产学研联盟内组织间学习运行机制模型

① Burt. R. S. Structural holes and good ideas [J]. American Journal of Sociology, 2004, 11 (2): 349—399.

纵观整个过程，主要涉及知识获取、吸收、内化与创造四个环节，其中联盟知识创造是最重要的一个环节，它是产生联盟新知识的重要环节。

1. 知识获取

知识获取是企业在产学研联盟中根据组织间学习的战略目标，通过各种知识共享手段来获取知识为组织内成员所共享的过程。企业在联盟中的知识获取与一般意义上的知识获取过程相比更为复杂。产学研联盟中的知识获取通常表现为两个层面。其一，知识获取发生在产学研联盟内，联盟伙伴的员工把该企业的私有知识带入产学研联盟，企业员工通过与其交流与合作学习等方式获取这些知识从而在战略联盟内实现知识的转移和分享；其二，知识获取通过产学研联盟发生在企业内部。联盟伙伴的知识首先转移到产学研联盟中，然后从产学研联盟转移给企业。在这种情况下，产学研联盟是一个纯粹意义上的知识转移管道，通过它的传递作用，私有知识可以很顺利地从一个企业传递给另一个企业从而实现知识的转移。

在知识获取过程中，首先要识别与发现有价值的知识。因为在产学研联盟环境中，并不是所有的知识都是企业所需要吸收和内化的知识，这就需要企业进行知识价值的判断与评价，从而发现有价值的知识。而知识的复杂性、隐性、专用性等特征，会给识别环节造成一定的困难。因此，若想有效识别有价值的知识，企业需要对各种知识的特征、原理和作用环境等有较为深入的了解，而这就需要企业必须拥有一定数量的先前知识，同时这些外部知识组成必须具备一定的多样性，从而企业会以最大的潜力，以相似的基础知识、不同的专门知识向联盟伙伴学习。企业通过相应的组织系统和规程对外部知识进行评价和判断。在对有价值的知识进行识别之后，还要对是否转移该知识进行决策，这需要确定转移过程中的成本、时间以及责任。其次，通过正式与非正式的沟通与交流、人员流动、观察与模仿等方式进行知识获取。联盟成员之间接触是知识溢出的重要途径，特别有利于隐性知识的传播。在互惠共生、资源共享和合作的前提下，相互之间隐性知识的交流壁垒低，能够各取所需，从而不断扩充自身知识。非正式交流也是隐性知识传播的重要途径，可以大大提高知识获取的速度。在经常性的非正式交流中，一些隐性知识变得清晰起来，并逐渐转化为编码化知识，从而促进了隐性知识的传播。由于一些企业隐性知识是依附在企业关键员工身上，因此知识获取过程就是将这些拥有关键知识的员工流动到本企业中，通过个体的共同工作来共享知识。与此同时，可将企业的员工派到联盟伙伴企业中，通过亲身体验获得这些知识。

2. 知识吸收

企业知识具有路径依赖性，当环境发生变化时，知识也会随着发生相应的变化，因此当企业获得来自联盟伙伴的知识后，需要对这些知识进行吸收。知识吸收就是理解和解释所获取知识的过程。通过吸收过程，能够知晓哪些知识对于企业中哪个部门哪个层次是重要的，从而明确知识往哪里传递。具体来说，就是采用企业自己的语言和规程对外部知识进行解释的过程。企业所获取的外部知识被置入企业的知识库中，并和企业知识库中的其他知识进行相互作用。Cohen & Levinthal（1990）将这个过程称为知识加工过程，并把企业的知识库称为知识加工系统。[①] 企业的知识加工系统拥有知识获取、吸收与存储的各种基本规程。正是通过企业的知识加工系统将外部知识按照企业自己的规程进行加工处理，重新对知识进行解释和说明。

3. 知识内化

知识内化是指企业所吸收的知识与企业环境相互作用并转化为企业内部知识的过程。首先，企业所吸收的知识到达企业知识库。企业知识库将经过解释的知识重新排列，嵌入企业的知识库，从而变成企业的内部知识。其次，企业知识库需要对吸收后的知识进行重新加工，使其适应企业的组织结构和学习流程，从而真正内化为企业自己的知识。经过加工，这些知识一方面改变了原来的性质。与此同时，当这些知识与企业的组织环境、企业成员相互作用时，企业组织成员可以在相互作用过程中得到新的启发，易于产生新知识。

知识内化过程涉及组织各层面，不同的层面有不同的作用，知识内化过程中组织各层面的相互作用如图 3 - 2 所示。在个人层面，为了促进知

---

① Cohen. W. M. and Levinthal. D. A. Absorptive capacity：A new perspective on learning and innovation［J］. Administrative Science Quarterly，1990（35）：128—152.

识的理解掌握，一方面采用隐喻、类比和范例等方式将隐性知识转化成显性知识，与此同时，对显性知识进行解读。其中，隐喻是一种将一物象征性地想象成另一物来直观感知和领悟事物的方法。通过隐喻将两种不同概念放在一起所引起的不平衡、不协调，常常会导致新意义的出现，甚至新范式的形成。隐喻中所含的矛盾由类比加以协调，能够凸显不同事物的相同处，从而加深对于未知事物的理解。一旦创造出概念，它们又可成为模式或范例。隐性知识向显性知识转化这一环节有效地实现了知识的共享，为知识向团队乃至组织层面的转移提供了宝贵前提；在团队层面，关键的步骤是内部化，即对个人层面的知识进行加工，与团队现有的知识进行融合，从而开发个人知识的潜质，创造新知识，这是将显性知识转变为隐性知识的过程，同时也需要对新知识进行解释，向上传递给组织；在组织层面，关键的活动是内部化和制度化，即将团队知识与组织现有知识进行融合，开发团队知识的潜质，创造新知识，同时将新知识制度化，向下传递给团队、个人。当制度化的新知识传递给团队、个人时，他们同样需要将这些知识融入各自的知识体系。

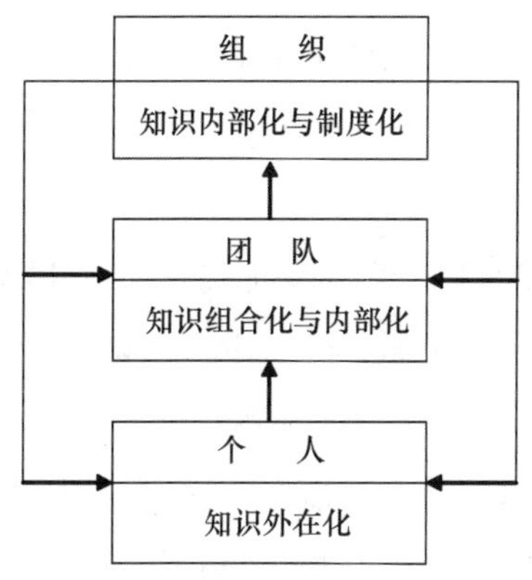

图3－2　知识内化过程中组织各层面的相互作用

资料来源：Nonaka Ikujiro. The Knowledge—creating Company［J］. Harvard Business Review, 1991，69（6）：96—104.

知识在三个层面的转化途径有多种，陈国权等（2013）提出主要有三种，即人际交流、编码化和组织流程化。人际交流是人与人之间的沟通、对话过程。通过人际交流，知识、经验和教训可以脱离最初拥有它的个体而转向团队或组织，并为其他主体所共享和借鉴。但是人际交流很难将知识和经验固化下来，没有系统的知识库，其所产生的组织学习不同层面之间的转化可能有限，如果拥有知识的人离开组织则这种转化可能就无法发生；编码化是指将知识和经验编码并存储于组织知识库中，经过编码储存后的知识和经验不再为最初拥有它的某个个体、团队或组织所有，而是可以为组织内各种主体随时提取和运用，从而实现各层面间学习的转化。编码化要求组织建立完善的知识库系统，该系统可以由传统的纸质文档组成，也可以利用现代信息技术构建，无论采用哪种方式都要配以便捷的检索工具；组织流程化是指产生于某一层面的知识和经验通过深植于组织的日常运行、常规活动或规章制度中而成为约束各层面行为的力量。流程化可以通过两种途径实现，一是知识经验不断渗透到各层面主体并为之内化，无形地规范组织成员的行为；二是将知识经验转化为组织制度，成为约束成员行为的有形力量。相对于前面两种转化途径而言，流程化将组织中不同层面的知识经验以特殊形式加以储存与传递，使组织成员能在面对熟悉的环境与问题时快速地作出常规性的反应，降低了重新做决策的成本。

4. 知识创造

组织学习是知识创造的一个必要前提，而新知识的创造是组织学习的一个必然结果。Nonaka 和 Takeuohi（1995）认为，知识创造是企业的一种创造新知识、吸收新知识并使这种新知识贯穿于组织的整体能力中的创新活动，它体现在组织的产品、服务和系统之中。[①] 在产学研联盟环境中，企业与联盟伙伴之间通过互动来创造新知识并予以共享和应用，这种新知识是企业和联盟伙伴原来并不拥有的知识，是不通过产学研联盟形式就无法获得的知识。下面着重探讨产学研联盟双方知识创造的机制。

① Nonaka & Takeuohi. The Knowledge—creating Company：How Japanese Companies Create the Dynamics of Innovation［M］. New York：Oxford University Press，1995，21—56.

产学研联盟中知识创造的机制主要以 Agris 提出的单循环学习和双循环学习为基础来分析。Agris 认为企业在内外部信息交流中要不断修正自身目标或行动以适应环境变化，当发现错误后作出修正并导致企业目标的改变，单循环学习就发生了。当单循环学习通过简单的错误发现和改正控制机制不再产生预期结果时，企业要重新考察目标和行为体系下的潜在假设，如果组织发现当前的假设已经失效，就会对该假设背后的价值观进行重新评估，这就是双循环学习。单循环学习不能为知识创造提供基础条件。因为单循环学习并没有质疑组织原有的假设和价值观。只有双循环学习才对组织的假设和模式提出质疑，使组织用一种新的方式来观察和思考构成知识的事实、事件和背景。因此，双循环学习是联盟知识创造的必要条件。

企业中的行为如同个人行为产生过程，同样遵循价值观→目标→行为→产出这一规律。在产学研联盟中，通过与联盟伙伴接触企业能够进行知识获取，企业将会用所获取的知识去衡量其目标和行为，发现问题会予以修正，该过程从本质上说属于单循环学习，因为企业成员的价值观系统保持完整，未受到挑战。同理，在联盟伙伴内部，也发生着单循环学习。同时在企业与联盟伙伴之间，连接共同目标、共同行为和共同产出的反馈循环也是单循环学习过程。企业的目标与联盟的共同目标可能会出现分歧，这时企业内部首先会开始单循环学习。通过单循环学习，企业试图通过调整内部目标和行为来解决分歧，如果失败，就会诱发双循环过程，在该过程中企业会质疑目标背后的价值观体系和假设，易于产生知识创造。与此同时，企业与联盟伙伴的价值观相互作用构成了联盟的价值观体系，包括共同价值观部分和价值观差异部分，共同价值观产生价值引力，价值观差异导致价值斥力。当共同价值观所占比例越大，冲突和斥力就越少，企业与联盟伙伴调整各自价值观系统的可能性就越小，就越可能发生单循环学习过程，而越不可能发生知识创造。价值观差异可能诱发冲突，价值观差异越大，价值斥力也越大，产生冲突的潜在可能性就越大，价值观系统越可能被挑战，从而导致双循环学习进而产生联盟知识创造过程。

（二）产学研联盟组织间学习的动力机制

所谓动力机制是系统动力的产生与运作的机理。如图 3－3 所示，产学研联盟内组织间学习系统的运行动力主要表现为技术创新驱动、政策驱动、利益驱动、使命与愿景驱动四个方面。

1. 技术创新驱动

全球化竞争促使各行业的技术处于飞速发展之中，客户需求的多样化与个性化并存、产品生命周期的日益缩短与竞争环境的改变都要求新技术的快速发展和商业化，因此企业的生存与发展主要依赖新技术的引入与创新。与此同时，技术越来越复杂，组织之间的技术边界模糊化，封闭式的技术创新模式已远远不能适应企业的发展，组织之间必须合作，才能有效地实现技术创新。因此，技术创新是组织间学习的直接驱动力。

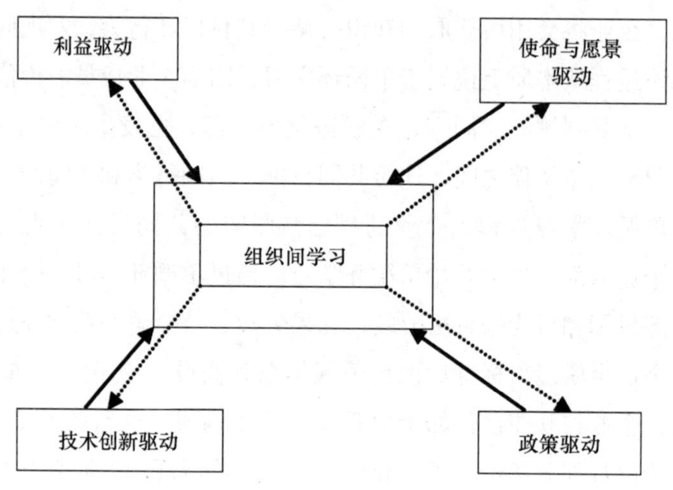

图 3－3　产学研联盟内企业组织间学习的动力机制模型

2. 政策驱动

我国政府和省、市等各级主管部门通过实施合作创新计划项目及各种技术创新优惠政策、制定与完善各项法律法规、增加资助和建立相关机构，为合作创新创造了良好的环境和条件，引导产学研联盟的良性发展，推动了组织间学习的有效开展。

3. 利益驱动

如表3－1所示，在产学研联盟合作中，企业和大学、科研机构彼此利益共享、风险共担，它们是利益相关者。与此同时，它们的合作动机和追求的行为目标不同，通过合作，各方期望能够有效达成各自的目标。因此，才有了在联盟基础上的组织间学习，这就是利益驱动。而且，产学研联盟所面临的环境变迁又加速了这种驱动力量。因为在当今环境下，企业要想获得市场竞争有利地位，仅仅依靠自己的力量是远远不够的，唯一的途径是进行联合，在联合中通过相互间学习进行知识共享乃至知识创造，为己所用，从而实现不断发展。

表3－1　　　　产学研联盟中的利益相关者

利益相关者	大学、科研机构	企　业
利益动机	1. 在本学科研究领域取得地位与成就	1. 分担研发风险、缩短研发时间
	2. 获得收入和科研经费	2. 抓住市场机遇，获得超额利润
	3. 优化学科建设，培养符合社会需求的人才	3. 掌握新知识与新的专利技术或专有技术
	4. 了解与掌握市场需求信息	4. 获得高素质的人力资源

4. 使命与愿景驱动

使命是一个组织在社会中存在的理由或目的。愿景则是以使命为基础，描绘的是一个组织发展的蓝图。大学的使命是教学与科学研究，在教学与科学研究两者的关系中，科学研究是先导，良好的科学研究是促进教学质量提高的基础与保证。教学质量最终将体现出大学所培养的人才满足社会需求的状况，是科学研究的应用与体现。因此，大学的使命与愿景可以概括为发现新知识与发明新技术、培养社会所需人才①；企业作为社会的一分子，经济使命与社会使命兼而有之，因此它的使命可描述为将新技术商业

① 科研机构的使命与愿景则主要体现为前者。

化、实现技术进步，生产和经营能够满足消费者需求的产品或服务。

从以上描述可以看出，实质上大学、科研机构和企业在使命与愿景方面是有着高度的契合的。大学所培养的人才输出渠道之一是企业，大学和科研机构在发现新知识和发明新技术方面的应用方也是企业；而企业若想实现技术进步、加速技术创新速度，一方面要引进人才，与此同时要接触最前沿技术，学习最新的知识与技能。因此，企业与大学、科研机构在使命与愿景方面的契合促使各方一定要合作，并且在合作中通过组织间学习来实现各方的目的，这就是使命与愿景驱动。

5. 知识势差驱动

物理学原理表明，能量总是自发地从高位势向低位势转移。同样，产学研联盟中的联盟伙伴间也会因知识势差促进知识在彼此之间的流动和转移，即进行组织间学习。在这一过程中，高位势一方表现为不断地从外部引进新知识再到内部扩散的过程，进而形成高位势方对低位势方的“拉动效应”和低位势方对高位势方的“挤压效应”，从而导致“知识势差的产生—通过组织间学习减小势差—产生更高知识水平的势差—进一步减小更高位势上的势差”的动态良性循环。高位势方因其知识存量体现出来领先的学习和创新能力，从而在组织间学习过程中扮演核心角色，它们通过引进、消化和吸收新知识和产生新知识，在提高自身知识的同时也丰富了整个联盟的知识系统，从而促进联盟各方的知识水平不断提升和发展。

（三）产学研联盟组织间学习的保障机制

保障机制是确保系统正常运行的机理。产学研联盟内组织间学习系统的保障机制主要体现在以下几个方面：

1. 组织制度保障

产学研联盟的组织结构要为组织间的知识共享、知识创造提供保证。目前我国产学研联盟的组织结构模式主要有高新技术科技园区、项目联合、联合共建研究中心与工程技术中心、企业附属研究院等模式。[①] 在高

① 孙刚：《国内外产学研联盟模式研究》，《安徽科技》2009 年第 7 期。

新技术科技园区中，企业可以与大学、科研机构合作，对那些市场需求前景较好又能较快转化成产品的科研项目进行研究。与此同时，大学和科研机构也可以自行创办各种高技术开发公司，促进科研成果向产品的转化，这样就形成了产业基地、研究基地的规模集聚效应，创造了组织间学习的良好平台；项目联合模式是以项目为核心的合作方式，即企业围绕某一项目寻找资源匹配的合作对象，各方本着资源共享的原则，合作完成项目；联合共建研究中心与工程技术中心模式则是企业与高校、科研机构合作设立研究中心、工程技术中心等科研机构，各方以技术、资金等入股，进行新技术的研发，并使新技术迅速转化为商品，收益以各方所入股份进行分配，企业在市场价格下对于联合研发成果拥有优先选择权。企业附属研究院是以企业为主体、高校和科研院所提供智力资源在企业内部建立研究院。一般是企业根据市场需求提出研究项目与目标，在合作过程中专家可以进驻企业或不定期走访企业，各方根据目标来开展组织间学习，学习效果较好。

在这四种组织结构模式中，高新技术科技园区、项目联合属于松散型联盟，企业与高校、科研机构的合作一般通过签订协议的方式进行；而联合共建研究中心与工程技术中心、企业附属研究院则属于紧密型联盟，合作各方的参与程度较高，一般通过股权的方式联合。从有利于组织间学习的角度来看，还需考虑知识的特征，松散型组织较适合显性知识的共享与创造，而隐性知识的共享与创造则较适合在紧密型联盟中进行。

2. 利益分配制度保障

以共同愿景为基础组成产学研联盟的合作各方首先是一个整体，在合作中理应追求联盟整体利益的最大化。但是合作各方又是独立的个体，在合作中难免会从自身利益出发，甚至为了个体利益而损害其他合作者的利益，最后导致联盟整体利益的损失。因此，产学研联盟内组织间学习的关键问题之一是利益分配问题。完善的利益分配制度可以确保组织间学习的正常、有效进行。

利益分配制度就是要按照客观、公正的原则，根据各方在组织间学习中的贡献大小，科学制定利益分配比例和分配方法的制度。对于利益分配比例，一般需要在合作之初采用各方接受的方法或协商方式对利益分配比例作出清晰明确的规定，经过一定时间运行后再根据各方对联盟贡献大小，进一步协商和调整利益分配比例，最终形成各方都能接受的方案。利益分配方法一般有两种形式，一种是在研发目标确定后由企业一次性支付研发或技术转让费用；另一种则为提成支付，即与销售额等挂钩。第一种分配形式虽然执行起来比较方便，但是企业面临的风险比较大，大学、科研机构在收益有保证的前提下可能存在机会主义行为，最终将损害企业的利益，这种分配方法需要辅之以一种有效的监督机制来规避。另一种分配方式较第一种要合理一些，这种方式目前也得到了广泛的使用。

3. 文化协同保障

企业与高校、科研机构在组织文化方面存在较大的差异。所谓文化协同，不是追求文化的同质，而是求同存异，既要保持各方组织文化的特色，又要形成有利于组织间学习的组织间共享文化。

在产学研联盟中，组织间文化协同的机理模型如图 3－4 所示，组织间界面规则是实现组织间关系整体控制、协作与沟通，提高组织间关系效能的制度性、标准化的规则。[①] 战略联盟治理理论指出，信任和承诺是组织间界面规则的本质内容。[②] 社会交换理论认为，组织间信任是基于知识的信任、关系的信任、可信赖的信任、基于认同的信任。[③] 高度的组织间信任，可以顺利地发展合作各方的关系，并使它们取得各自需要的资源。承诺可以确保合作各方在不危害合作总产出的前提下从事相关活动，是保证组织间关系得以长期稳定发展的重要因素。信任和承诺的组织间界面规则的生成有助于形成稳固的组织间关系。稳固的组织间关系则能够促进各

① 罗珉、何长见：《组织间关系：界面规则与治理机制》，《中国工业经济》2006 年第 5 期。

② Shan，R. H. and Swaminathan，V. Factors Influencing Partner Selection in Strategic Alliances：The Moderating Role of Alliance Context ［J］. Strategic Management Journal，2008，29 （5）：471—494.

③ Lewicki，Roy and Bunker，Benedict，“Developing and Maintaining Trust in Work Relationships，” in Trust in organizations：frontiers of theory and research. Tom Tyler and Roderick Kramer，eds.，Thousand Oaks，California：Sage. 1996：114—139.

方的沟通与交流，加强对彼此间文化的认识与理解，进而达到认同与交融，最终形成组织间共享文化。这种共享文化将有利于取得良好的组织间学习效果。与此同时，良好的组织间学习也有助于组织间界面规则的形成与发展[①]，两者是一个互动循环。

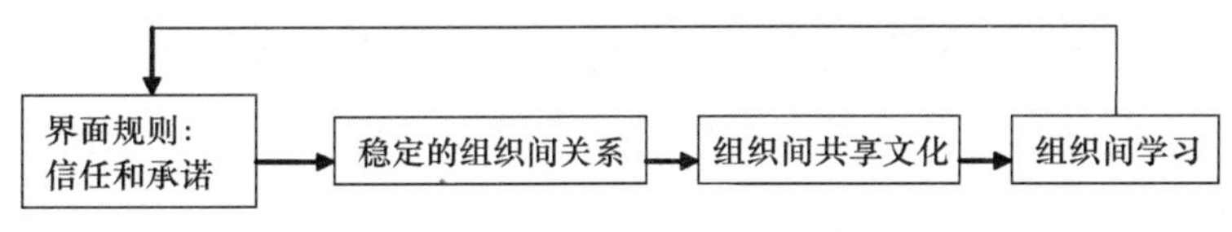

图3－4　产学研联盟组织间文化协同机理模型

（四）案例分析[②]

沈阳鼓风机集团一直以来都非常重视产学研合作。2005年开始与高等院校、科研机构探索进行深层次合作，组建产学研技术联盟。产学研技术联盟是企业为了增强技术创新能力，以解决企业技术需求为主要目的，根据自身的技术需求与具有相关技术优势的高校、科研单位建立的长期、稳定的合作关系。[③] 通过几年的发展，沈阳鼓风机集团公司已经建立了以"一院两站四中心"为核心的多领域、多层次、立体化的产学研合作体系。其中，沈鼓—大工研究院成立于2006年5月，是由沈阳鼓风机集团与大连理工大学共同成立的。下面就以沈鼓—大工研究院为例来分析在产学研联盟中企业与大学的组织间学习机制。

1. 组织间学习运行机制

研究院是产学研联盟的高级形式，它可以将企业和大学紧密联系在一起，双方通过密切合作，达成互惠互利、优势互补、共同发展的目标。在沈鼓—大工研究院，沈阳鼓风机集团出资金并派出研究人

① 罗珉、何长见：《组织间关系：界面规则与治理机制》，《中国工业经济》2006年第5期。

② 本案例资料来源于沈阳鼓风机集团有限公司网站（http：//www.shengu.com.cn/sgfm.asp）和大连理工大学网站（http：//www.dlut.edu.cn/），本书作者进行整理。

③ 郭平：《产学研联盟揭开辽宁创新新纪元》，《中国高新技术产业导报》2006年7月17日。

员，大连理工大学主要以科研人员、实验室及实验设备、科技信息等入驻。沈鼓派出的研究人员就是“中间人”角色，他们带来了本行业的市场需求信息、企业基础信息、企业技术需求信息等，这些信息的共享可以让大连理工大学的老师们充分了解市场、了解企业、了解技术发展趋势。与此同时，通过在研究院与老师们的交流，企业的研究人员能够吸纳到学科研究领域的前沿理论与知识，这就是双方的知识共享。在此基础上，以研究院作为一个研究与交流平台，以技术发展趋势和企业的技术市场需求为主导，提出研究课题，共同进行技术与产品的研发。研发成果由企业研究人员带回企业，以科技管理部为主体完成新技术在企业内部的学习与转化。经过知识的扩散、整合，形成企业自身拥有的知识，存储于企业知识库中。近年来，沈鼓一大工研究院先后承担了 104 项科研项目，获得各类科技奖 51 项，帮助沈鼓集团掌握了大批核心技术，多项技术填补了国内空白，为沈鼓集团的发展作出了突出贡献。

2. 组织间学习动力机制

在东北老工业基地振兴的各项任务中，装备制造业科技水平的突破与提高尤为艰巨。辽宁省为此确定了科技创新发展战略，并选取了产品结构调整与优化升级等四个方面作为科技创新的突破口，而要实现科技创新方面的任何一项突破都离不开产学研合作。从 2005 年开始辽宁省科技厅推动建立产学研技术联盟并提供专项资金用于“技术联盟”项目的扶持。2007 年辽宁省正式颁布了《辽宁省以企业为主体的技术创新体系建设工作实施方案》。[①] 这些政策的出台，为沈鼓集团组建沈鼓一大工研究院提供了强有力的支持，为在研究院中实现与高校的知识共享与知识创造打下了基础。

在良好的政策背景下，双方在产学研联盟这一平台上，能够获得各自所需要的利益。具体来说，沈鼓集团方面，为研究院提出课题研究目标，

---

① 王笑梅、毕伟：《辽宁：产学研技术联盟从口号到工程》，《科学时报》2007 年 7 月 16 日。

提供资金与科研人员，收获的是研发成果，用作企业的技术储备和生产应用。从某种意义上说，研究院就是企业的科技“后院”、技术“粮仓”；大连理工大学方面，研究院提供资金和设备支持大连理工大学多个学科的教师进行交叉研究，强化了学校的学科优势，提升了教师的科研能力。另外，沈鼓集团还设立专项研发基金，支持学校教师搞科研；相关院系的本科生、研究生也能到研究院实习、做课题，甚至毕业后留在研究院工作。总之，合作促进了科研进一步深入，创造了更多的学校服务社会的机会，同时也培养了人才，并实现重大科技成果共享。正是以上利益推动双方加强互动交流，积极进行组织间学习。

3. 组织间学习保障机制

首先，研究院这样的产学联盟形式有效地保障了双方组织间学习的有效开展。该研究院采用企业化研发模式独立运营。在运营中，沈鼓集团每年投入不少于2000万元资金用于研发等各种费用，并选派部分研究人员进驻研究院；大连理工大学则以人力、实验设备、科技信息等作为投入。研究院在人才招聘、人才管理、津贴发放等方面，都制定了较完善的制度。学校进驻研究院的科研人员的工作任务是完成沈鼓集团的科研课题，工作津贴由沈鼓集团发放，年底也可享受与企业科研人员一样的创新奖励。这样的运营机制能够明确研究院每个岗位的责、权、利，有效地保证了各方人员能够积极投入研发合作。

与此同时，沈鼓集团与大连理工大学虽然在组织文化上有着固有的差异，但双方的文化存在一定的契合点，这就为双方的文化协同打下基础。其中，沈鼓集团的企业宗旨是秉承敢为天下先的企业品格，为用户创造价值，为员工创造效益，为社会贡献财富，科技理念是超越领先、创造未来，即坚持以创新为动力，积极探索自主创新、自主开发的企业科技进步之路，始终保持国内领先地位，紧紧跟踪世界风机技术发展趋势，努力赶超世界先进水平，以创新的思维和超越的本领开拓未来，推动企业从优秀走向卓越；大连理工大学的组织文化体现为培养精英人才、促进科技进步、传承优秀文化、引领社会风尚，秉承“海纳百川、自强不息、厚德笃学、知行合一”的精神，坚持“求知问真、追求卓越，修身悟道、引领未来”的理念，致力于创造、发现、传授、保存和应用知识，勇于担当社会责任，服务国家、造福人类。从以上描述可以看出，追求科技进步，最终为社会创造财富、造福人类的目标是双方的文化契合点。双方人员在研究院的合作过程中，有着共同的价值理念，彼此间更易产生信任并作出各自在合作中应有的承诺，从而有利于形成良好的组织间关系，有利于组织间学习的顺利开展。

沈鼓—大工研究院的案例充分说明，本书所作的产学研组织间学习机制分析具有可行性和有效性。在产学研联盟中，组织间学习的运行主要表现为各方进行知识共享与知识创造，研究成果为各方所有。与此同时，为确保产学研联盟内组织间学习系统的正常运行，需要有政策、利益等方面的驱动力，有合适的组织结构、文化协同作为保障。

五　本章小结

本章在界定产学研联盟组织间学习的内涵的基础上，进一步探讨了产学研联盟组织间学习类型、学习内容以及组织间学习机制，从理论上明确了产学研联盟组织间学习机制，为后续的实证分析打下基础。

第四章　产学研联盟组织间学习影响因素实证研究

从前面对国内外学者研究所作的文献检索和综述可以看出，对于产学研联盟组织间学习影响因素这一问题的研究视角各不相同，得出的结论也不一致，迫切需要进行系统化研究。本章将对这一问题进行实证研究，在提出理论模型及研究假设的基础上，利用问卷调查法收集数据，采用结构方程模型进行假设检验与分析，从而得出结论。

一　理论模型与研究假设

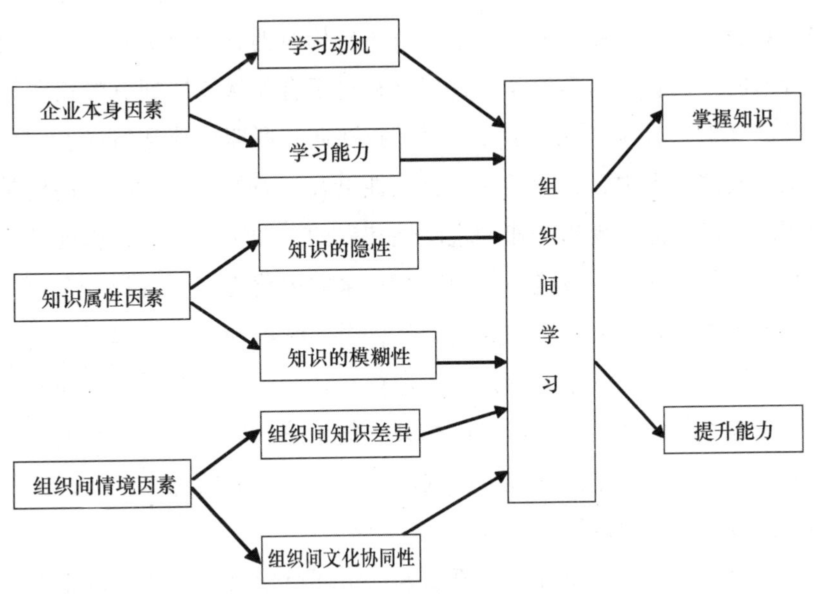

图 4－1　产学研联盟组织间学习影响因素模型

在文献综述的基础上，本书提出了产学研联盟组织间学习影响因素模型，如图4－1所示。在这个模型中，所有的影响因素被划分成企业本身因素、知识属性因素和组织间情境因素三类，箭头表示直接作用和方向。从模型整体构架上来看，组织间学习是因变量，各类影响因素是自变量，每类影响因素又包含了一些细分变量，用以说明各种因素对因变量的具体影响。

（一）企业本身因素

在产学研联盟中，企业与联盟伙伴的学习效果如何，企业本身是主体，起着决定性的作用。从企业自身来看，影响联盟组织间学习效果的主要因素有：企业的学习动机和学习能力。

1. 学习动机

众所周知，在个体学习中，学习动机决定学习行为，学习行为决定学习效果。因此，学习动机是决定学习效果的重要因素之一。在产学研联盟中，企业的学习效果如何，其学习动机至关重要。资源依赖观的战略联盟成因论认为，联盟之所以成立是因为联盟各方的资源是互补的，因此对联盟中的企业来说，大学、科研机构所拥有的资源对它们来说是有价值的，而企业的学习动机则建立在对于合作伙伴所拥有的资源评价的基础之上。具体来说，学习动机是指在向其联盟伙伴学习或者在联盟环境的共同学习中，企业的学习自主性以及学习的愿望。学习动机是一种驱动因素，能体现出企业的主动性和目的，即企业在多大程度上希望将联盟伙伴的知识、技能与能力吸收过来并内化为企业自身的东西。虽然学习动机不是学习发生的必要条件，个人学习和组织学习可能是在无意识的情况下进行的，但却是企业进行有效学习的前提。与此同时，在合作中双方可能往往只对与自己相关的信息感兴趣，缺乏对其他领域信息的兴趣，或者由于知识视野的局限对某些信息的敏感性较低，这些都可能造成学习动机的减弱。

压力是产生学习动机的重要因素，当环境给某个企业造成生存压力时，它创造新知识或模仿、接收其他企业知识的欲望就会强烈的多。

Cummings（2003）发现企业缺乏学习动机会造成知识转移的困难，而如果有高度学习意愿，则常能克服知识转移过程中的困难表现出极大的耐力。[①]

Szulanski（1996、2000）发现如果企业动机不明确，知识来源方在知识转移过程中也会表现出“不情愿”或不想给予配合。[②] Hamel（1991）对九个国际战略联盟进行了研究，研究发现企业是否将联盟合作视为学习机会直接决定着他们能否有效学习到联盟伙伴的知识。[③]

综上所述，只有企业具有较强的学习动机，才会鼓励员工积极寻找、参与学习有价值的知识，并加以吸收利用，才会有好的组织间学习效果。

可以推测：

假设 H1：企业的学习动机与组织间学习正相关。

2. 学习能力

心理学、教育学等学科对个人学习能力的研究认为，学习能力是运用已有的知识和智力，最大限度地领会和掌握学习材料，使获取知识、经验和技能简单化，并快速反应的能力。[④] 组织成员是构成组织的基本单元，所以组织或集体也存在拟人化的学习能力。但组织学习能力并不是个人学习能力的简单加和，它是在个人学习能力的基础上形成的。Child（2001）认为一个企业的学习能力是由几种因素的结合而决定的：知识的转移能力、合作成员对新知识的接受能力，成员对知识的理解和吸收能力，他们

---

① Cummings J. L.，Teng Bingsheng. Transferring R&D knowledge：the key factors affecting knowledge transfer success［J］. Journal of Engineering and Technology Management，2003，20：39—68.

② Szulanski，Exploring internal stickness：Impediments to the transfer of best practice within the firm［J］. Strategic management journal，1996，17：27—43Szulanski，The process of knowledge transfer：a diachronic analysis of stickness［J］，Organizational behavior and human decision processes，2000，82（1）：9—27.

③ Gary Hamel. Competition for Competence and Inter—partner Learning within International Strategic Alliances . Strategic Management Journal，1991，12：83—103.

④ Larson J. R.，Christensen C. Groups as problem—solving units：toward a new meaning of social cognition［J］. British Journal of Social Psychology，1993，32：5.

从原来的经验中所得教训的总结能力。其中，吸收能力是核心。[①] Cohen和 Levinthal（1990）认为，吸收能力是企业认识外部新知识、消化新知识并将其应用于商业目的的能力。[②] Lane 和 Lubatkin（1998）在 Cohen 和 Levinthal 定义的基础上提出吸收能力不是单一企业层面的问题，而是“老师与学生”的双层面问题。[③] Kim（1998）认为学习能力是指消化知识（为了模仿）和解决问题以创造新知识（为了创新）的能力。[④] 如果企业具有较强的吸收能力，可以低成本或无成本地取得和使用知识，并且运用这些知识去进行技术创新而达到技术领先，从而在市场竞争中获得有利地位。

本书认为，在产学研联盟学习过程中，企业的学习能力是指企业能够认识到联盟伙伴知识的价值性，将其吸收并应用于自身的战略、运营与管理中的能力。具体来说，学习能力包括四方面的内容：知识获取能力、吸收能力、整合能力与应用能力，这四方面能力的整合决定了企业学习能力的强弱。知识获取能力指企业识别和获得对企业运作有关键作用外部知识的能力。企业需要拥有以前的相关知识才能有效地识别与获取外部知识。在产学研联盟的学习过程中，企业的联盟学习经验显得很重要。如果企业拥有不同联盟经验的背景，就拥有了坚实的学习基础，要获取的知识就会以较熟悉的形式出现在该企业面前。同时，那些拥有合作经验基础的企业更懂得如何管理、控制联盟以及从这些联盟中获得更大的学习价值。当企业拥有了广泛合作和学习的经验时，知识获取所必需的技能就被企业提炼出来，用以指导和促进后期的组织间学习。知识吸收能力指企业分析、处理、解释和理解外部知识的惯例与过程的能力。知识整合能力指企业将现

① ［德］迈诺尔夫·迪尔克斯等：《组织学习与知识创新》，上海人民出版社2001年版，第507—516页。

② Cohen W. M., Levinthal D. A. Absorptive Capacity: A New Perspective on Learning and Innovation [J]. Administrative Science Quarterly, 1990, 35: 128—152.

③ Lane P. J., Lubatkin M. Relative Absorptive Capacity and Interorganiza—tional Learning [J]. Strategic Management Journal, 1998, 19: 461—477.

④ Kim L. Crisis Construction and Organizational Learning: Capability Building in Catching—up at Hyundai Motor [J]. Organization Science, 1998, 9: 506—521.

有知识和新获得、消化的知识有机结合在一起形成企业自身的知识并储存于企业的知识库之中的能力。知识应用能力指企业扩展、运用现有能力或创造新能力以把获得和转化的知识融入自身的战略、运营与管理中的能力。

在产学研联盟中，企业与大学、科研机构的组织间学习行为是知识交换行为，由于知识可能是隐晦的、粘滞的，嵌于一定的社会关系中，知识的传递就会很困难。在组织间学习过程中，如果企业的学习能力较弱，易产生学习障碍，导致大学、科研机构花费更多的时间和精力去进行知识传递，造成合作意愿的减弱。与此同时，各方也很难进行有效的技术创新合作。反之，如果企业的学习能力强，大学、科研机构作为知识传授方愿意帮助企业方团队成员解决难题，组织间学习过程也会很顺利。这些都将有助于企业学习到相关的技术知识，取得良好的组织间学习绩效。

可以推测：

假设 H2：企业的学习能力与组织间学习正相关。

（二）知识属性因素

知识的显性/隐性、知识的模糊性是知识的主要属性，对企业在产学研联盟中的组织间学习有重要影响。

1. 知识的隐性

如前所述，知识有显性知识和隐性知识两种类型。其中，显性知识是具体的知识，可以用文字、语言、符号等编码，可以通过报纸、书籍、光盘、声音、图像等介质传播，易于表达，一般表现为组织中的说明书、手册等形式。相比之下，隐性知识则具有特定的背景和高度的个体化特质，这使得它很难进行公式化和交流。Bresman（1999）认为隐性知识通常是不易表达的，无论是通过文字还是图像、声音等不能准确体现隐性知识的本质，只能通过感觉和接触才能慢慢体会到其精髓。[①] Nonaka（2001）认为隐性知识包括技术的和认知的因素，其中技术因素是指那些非正式的难

---

① Bresman, H., BirkinshawJ. et al., Knowledge transfer in international acquisitions [J]. Journal of International Business Studies, 1999, 30 (3), 439—462.

以确认的技能与技艺，认知因素则指范式、观点、信念等精神模式，这种认知因素反映了个人对现实的意象以及对未来的企望。① 相对于显性知识，隐性知识更难于被学习与模仿，这是因为：首先，企业知识是对环境变化而作出的一种适应，通过组织成员与环境的相互作用而产生，在不同的环境中，企业产生的隐性知识也是不一样的。其次，企业员工是知识的载体和知识产生的执行者，企业知识的产生与他们的思维方式、习惯等密不可分，这些都使得知识接收企业难以根据自己的规则对其进行恰当的解释和重新排列，影响了其有效地吸收。最后，企业内部的隐性知识有其特定的用途与适用范围，是围绕企业的发展目标需要而形成的，对于新成员、新环境具有排异作用。

在产学研联盟中，企业与其联盟伙伴共享隐性知识比共享显性知识要困难得多。隐性知识由于其本身的原因很难在联盟中扩散和分享。它深嵌于组织当中，甚至拥有它们的企业都很难将它们准确表达，更不用说联盟伙伴了。在产学研联盟内部的组织间学习过程中，知识作为这一过程的客体是客观存在的，它的隐性特征无法改变，因此它对组织间学习所造成的影响是很明显的，即联盟伙伴知识的隐性程度越高，企业越不容易学习和模仿，组织间学习效果越差。

可以推测：

假设 H3：知识的隐性与组织间学习负相关。

2. 知识的模糊性

知识的模糊性是指对于某些技术/流程的技能或诀窍，我们很难弄清其行为与结果、投入与产出、原因与影响之间的逻辑联系。知识的这种特点使得它很难在企业之间进行交流，因为它深深地嵌于组织情境中，这种嵌入也使它成为企业竞争优势的来源。Crossan 和 Inkpen（1995）认为成功的合资公司学习战略要求企业去克服“与伙伴技能相关的模糊性”②，

① ［德］迈诺尔夫·迪尔克斯等：《组织学习与知识创新》，上海人民出版社 2001 年版，第382—402 页。

② Crossan & Inkpen. The subtle art of learning through alliances ［J］. Business Quarterly，1995（60）2：69—78.

Reed 和 Defillippi（1990）发现模仿的最大障碍是无法弄清楚对方的竞争优势究竟是如何形成的。① Simonin（1999）系统地研究了知识模糊性、导致知识模糊性的因素及其对技术知识转移的影响，研究表明，知识模糊度的增加使知识转移更困难。② 在产学研联盟中，联盟伙伴的知识若具有模糊性特点，也必然造成企业学习的困难。知识的模糊性程度越高，企业的联盟组织间学习效果越差。

可以推测：

假设 H4：知识的模糊性与组织间学习负相关。

（三）组织间情境因素

企业在产学研联盟中的知识获取与知识创造具有高度的特定环境性和个性化，与所处的联盟环境息息相关，具体的情境因素涉及组织间知识差异、文化协同性等方面。

1. 组织间知识差异

知识差异是指企业与联盟伙伴所拥有知识的差异程度。如前所述，企业组建产学研联盟的重要目标是要通过战略联盟这一平台来学习联盟伙伴的知识。与此同时，双方通过互动交流创造出新知识并为双方所共享。因此，企业与联盟伙伴具有一定的知识差异是必要的。如果组织间知识差异过小，甚至是没有差异，企业的学习动机就会减弱，认为没有学习的必要，就不会产生组织间学习或组织间学习效果较差；反之，如果组织间知识差异过大，Inkpen（1998）认为企业可能拥有巨大的学习潜力，但是要创造学习关系（Learning Connections）则会困难重重。③ 这是由于联盟中企业与伙伴所处的情景、所拥有的知识背景的不同会使他们不能很好地理解对方的知识，这就要求双方要对对方的知识进行诠释，如果双方知识差

---

① Reed & Defillippi. Causal ambiguity, barriers to imitation, and sustainable competitive advantage［J］. Academy of Management Review, 1990（15）：88—102.

② Simonin. Ambiguity and the transfer of knowledge in strategic alliances［J］. Strategic Management Journal, 1999（20）：595—623.

③ Andrew C. Inkpen. Learning and knowledge acquisition through international strategic alliances［J］. The Academy of Management Executive, 1998：69—79.

异太大，他们之间学习的中间环节就会增多，这将不利于学习；而中等程度的组织间知识差异一方面符合战略联盟双方组建联盟的知识互补性的要求，与此同时，双方由于具有一定的知识相关性，从而会产生良好的组织间学习效果。根据认知行为理论的观点，个体间的知识相关程度较高有利于相互交流，从而获取并有效利用新知识。Nooteboom 等（2005）将这种观点由个体水平推广到组织水平，认为组织间的认知距离（cognitive distance）小有利于组织间的合作与知识交流。[①] Tanriverdi 和 Venkatraman（2005）从知识相关性的角度探讨了多业务公司的绩效，认为知识相关性带来的协同效应可以提高各业务单元的能力，从而提高整个公司的绩效。[②] Lane 和 Lubatkin（1998）认为，如果两企业拥有共同的知识背景，那么联盟中所进行的组织学习将会更加成功。[③] 如果缺少这种共同的知识背景，学习企业就缺少将合作伙伴知识内化的能力。

因此，可以推测：

假设 H5：组织间知识差异与组织间学习呈倒 U 型关系。即组织间知识差异程度过小或过大都不利于提升组织间学习效果，中等程度的组织间知识差异有利于组织间学习效果的有效提升。

2. 组织间文化协同性

企业与大学、科研机构的文化差异是客观存在的。比如，大学、科研机构注重学术水平，技术的领先性、创新性；企业也追求技术创新，不过它更加关注技术创新所带来的经济利益，关注技术能否为它带来超额利润。文化协同性并非意味着企业与大学、科研机构的文化完全一致，而是指它们的文化中是否均包含有利于组织间学习的文化要素，即学习型、创新型文化要素。学习型与创新型文化有利于产生良好的组织学习绩效（Dougherty，Hardy，1996）。组织间学习也是如此。在组织间

① Nooteboom B，Vanhaverbeke W，Duysters G，Gilsing V，Oord. Optimal cognitive distance and absorptive capacity［C］. Academy of Management Best Conference Paper，2005：1—6.

② Tanriverdi Huseyin and Venkatraman N. Knowledge Relatedness and Performance of Multibusiness Firms［J］. Strategic Management Journal，2005，26：97—119.

③ Peter. J. Lane，Michael. Lubatkin. Relative Absorptive Capacity and Interorganizational Learning. Strategic Management Journal，1998：461—477.

学习过程中，学习型组织文化是通过创建学习愿景、进行深度会谈而达成学习各方相互间的充分沟通与交流的一种文化；而创新型文化则强调开放式交流，全方位地调动各级管理者及员工参与冒险、进行探索性学习以追求创新性产品；鼓励员工去尝试新观念，允许失败，对创新进行奖励的一种文化。

如果企业与大学、科研机构的文化协同性高，各方文化中都包含学习型、创新型文化要素，它们就会重视创新并拥有创新环境，从而有利于创新、学习的发生；与此同时，文化的协同可以有效地减少各方在学习过程中的协调成本，能够增强学习中各方知识的相互理解，减少沟通障碍，共同的学习价值观也能有效地控制和约束各方的学习行为，达到提升组织间学习的效果。反之，伙伴间文化的不协调易导致彼此的冲突和怀疑，阻碍各方界面管理者的角色社会化，造成他们在组织间学习过程中交流会非常困难，从而很难达成组织间学习目标。

因此，可以假设：

假设 H6：在产学研联盟中，企业与大学、科研机构的文化协同性程度与组织间学习正相关。

二　数据收集与整理

本书实证研究所需数据主要是通过问卷调查的方式得到的，问卷设计和数据收集过程合理与否，所收集数据是否符合研究的基本要求，将直接关系到本研究的质量。因此，本书将从问卷设计、变量测量、数据整理与样本的描述性统计、问卷信度与效度检验等方面对本书的实证研究方法进行阐述。

（一）问卷设计

1. 调查问卷设计过程

调查问卷的设计是保证调查有效和准确的重要环节，只有合理的调查问卷才能确保调查的效度和信度。本研究的问卷设计目的是为调查产学研联盟组织间学习影响因素，要求问卷内容能为本研究提供所需的有效数据。因此，本研究的调查问卷设计主要经历了以下几个步骤：

第一，设计问卷。在问卷的设计中，问题的表述至关重要。本研究所使用的问卷指标是在参考了大量文献研究成果以及国内外一些较为成功的调查问卷设计的基础上逐渐形成的。在具体设计过程中，如果能收集到相关的国内外学者研究时问卷的具体内容，本书就把相关问题直接引用于问卷中，如果搜索不到，则通过文献检索查找各位学者对相关变量的表述，结合本研究内容来设计问题。至于本书提出的一些新变量或是前人虽有研究但未进行实证的变量，则需要根据变量内涵及其与模型的关系自行设计问题表述。对于国外学者的研究量表，由于大都为英文量表，因此，采用"反向翻译"（back translation）的方法，这种方法能够提高翻译的准确程度，减少在翻译中出现的主观偏差。

第二，面对面访谈。首先与两家企业的管理人员进行深入访谈，了解他们如何理解和选择量表中的各个题项以及他们选择的依据，确保问卷能够切实让被访者准确理解和回答。而后对从事工商管理专业的五位教师进行访谈，他们对本书关于组织学习的问题相对比较熟悉，让他们根据研究目的发表对调查问卷设计方面的看法。根据以上访谈者的意见和建议，对问卷的内容和表述作了相应的修改。对问卷调整之后，再次请这些被访者对量表进行测试，以检验修改后的表述是否消除被访者的理解偏差。这样就形成了一份可以用于试调查的问卷。

第三，试调查。选择辽宁省锦州市企业进行了探索性研究的问卷调查，初步了解问卷的信度和效度，确保调查的准确性。在进行了试调查之后，对问卷作了微调，形成本研究中正式使用的问卷。

2. 调查问卷的总体构成

问卷的设计需要针对研究的内容展开。本书的问卷设计，主要应该围绕企业在产学研联盟中的组织间学习行为展开，要求问卷能为研究内容提供所需要的有效数据，能够运用因子分析、结构方程模型对这些数据进行统计分析。围绕研究目的和研究内容，经过文献阅读、面对面访谈与试调查三种方式进行项目收集与整理，设计出《产学研联盟组织间学习影响因素调查》问卷（详见附录中的调查问卷），问卷包括以下几部分内容：

一是前言，主要向被调查者介绍本次调查的目的及主要内容，对关键名词术语给予解释以及保密和匿名条款；

二是基本信息，主要了解被调查者所在企业、部门的基本情况，包括：被调查者所从事的工作、职位性质；其所在企业的行业、所有制性质、规模及主要联盟伙伴的基本情况等。

三是产学研联盟组织间学习影响因素调查，测量量表共由 21 个项目组成，分为企业本身因素、知识属性因素和组织间情境因素三个方面。企业本身因素主要考虑学习动机和学习能力两个方面，设计了 9 个项目；知识属性因素从知识的隐性和知识的模糊性出发，设计了 4 个项目；组织间情境因素主要从组织间知识差异和文化协同性入手，设计了 4 个项目；组织间学习测量量表由 4 个项目组成。调查问卷题项基于 Likert 量表法进行设计，即问题由针对某种事物的态度或看法的陈述组成（李怀祖，2004），所有指标均采用 7 级打分法，1 表示非常不同意；2 表示不同意；3 表示有些不同意；4 表示中立；5 表示有些同意；6 表示同意；7 表示非常同意。

3. 调查对象选择

本书的研究主题是企业在产学研联盟中的组织间学习行为，而产学研联盟是企业发展到一定阶段的结果，所以在选择样本时需要进行界定。本研究挑选样本基于以下原则：样本企业必须是一个独立的企业法人；样本企业必须是一个完整的经营实体，要有推向市场的产品、固定的销售渠道与生产技术，而不是仅仅执行一部分职能的企业，该企业成立至少有 3 年以上的时间。与此同时，由于调查内容是关于组织间学习行为，因此将调查对象选定为企业管理者，包括基层管理者、中层管理者和高层管理者。

4. 问卷发放与回收

此次问卷调查的方式主要有两种：一是笔者发放与回收问卷，通过电子邮件或亲自前往企业请有关人员填写问卷；二是利用笔者个人的人脉网络委托他人代为发放与回收问卷。首先，用电话及电子邮件向熟人咨询他本人所工作的企业是否与大学、科研机构有产学研联盟合作，经确认后向他发放问卷。与此同时，向他们征询能否帮忙将问卷发放给其他符合调查要求的人员及熟人的熟人。在发放调查问卷时，要求答题人以匿名的形式填写。同时，向被调查者做出保证，使他们相信所填写的问卷内容对外是保密的，只是做整体分析之用，从而确保他们填写时没有顾虑。在发放问卷三周后，再次向被调查者发送了提示函。这种多源方式保证了样本数量能够满足统计分析的要求。与此同时，问卷填写人来源的多元性也确保能够有效地减少数据收集时的系统误差，从而保证数据的可靠性与真实性。

本次调查共计发放问卷 400 份，回收问卷 248 份。通过对回收的 248 份问卷仔细核查，发现有 32 份不合格问卷，最后得到实际有效样本 216 份，问卷有效回收率为 87. 1%。有效问卷来自国内多家企业，问卷分布范围适度，具有较好的代表性。

（二）变量的定义与测量

基于文献研究、实地调研和专家意见，本研究分别应用多个题项对各变量进行度量。下面将对理论模型中所涉及的变量测量进行说明，即具体说明用什么样的题项来测度本研究的相关变量。

1. 企业本身因素的测量

（1）学习动机

Hamel（1991）、Puick（1988）认为学习动机强弱体现企业渴望将联盟伙伴知识与技能内化的程度。① 本书认为，学习动机可以理解为在向其联盟伙伴学习或者在联盟环境的共同学习中，企业的学习自主性以及学习的愿望。以 Hamel（1990）、Puick（1988）、Simonin（2004）的研究为基础，充分考虑产学研联盟作为一个具体的学习平台的作用，本书以被调查企业成立产学研联盟是以学习外部知识或技能为主要动机之程度进行操作

---

① Gary Hamel. Competition for Competence and Inter—partner Learning within International Strategic Alliances [J]. Strategic Management Journal, 1991, 12: 83—103 . Puick, V. Strategic alliances, organizational learning and competitive advantage: the HRM agenda [J]. Human Resource Management, 1988, 27: 77—93.

化，并以三个题项建构李克特七点尺度（1 = 非常不同意，7 = 非常同意）进行衡量。这三个题项分别为：①当决定加入产学研联盟时，贵公司有一个强烈的愿望去学习联盟伙伴知识；②贵公司将产学研联盟视为学习伙伴知识的一个重要途径；③贵公司积极安排相关人员参加与联盟伙伴的各种交流活动。

（2）学习能力

由于对学习能力的理解不同，所以在不同研究者那里，学习能力的维度也是有差异的。Cohen 和 Levinthal（1990）将学习能力分为三个维度，包括知识获取、知识消化和知识应用。① Kim（1998）指出，学习能力是由先前的知识基础以及努力程度两个构面所构成。努力程度会造成知识基础的改变，努力程度较高时可以累积知识，努力程度较低时则原先知识基础会过时。② Van de Bosch（1999）按照学习能力的内容和过程的不同，将学习能力分成了如下三个维度：效率、范围及适应性。效率是从成本的角度来看企业识别、消化利用外部知识；范围是企业吸收知识的广度；适应性是指企业得到外部知识以及重组已有知识的程度。③

结合以上学者的研究，本书采用 Likert 七级打分法，通过六个题项对企业的学习能力进行度量，这六个题项分别为：①贵公司及成员善于从过去的经验和错误中进行总结和学习；②贵公司及成员能及时发现自身知识差距，并准确地找到所需要的新知识；③贵公司及成员能有效地汲取、扩散和“内化”新知识；④贵公司及成员已具备一定知识积累，对所学新知识有一定程度的了解；⑤贵公司及成员能将获得的新知识与原有的知识紧密结合和匹配；⑥贵公司及成员能充分运用从学习中取得的新知识有效解决公司运营过程中产生的问题。

---

① Cohen W. M. , Levinthal D A. Absorptive Capacity：A New Perspective on Learning and Innovation . Administrative Science Quarterly，1990，35：128—152

② Kim L. Crisis Construction and Organizational Learning：Capability Building in Catching—up at Hyundai Motor . Organization Science，1998，9：506—521

③ Van den Bosch，F. A. J. ，Volberda，H. W. &de Boer，M. Coevolution of firm absorptive and knowledge environment：organizational forms and combinative capabilities [J]. Organization Science，1999，10：551—568

2. 知识属性因素的测量

（1）知识的隐性

对知识隐性的测量学者们的看法也各不一致。Kougt 和 Zander（1993）用“不可编码程度”测量知识隐性，认为显性知识的特点就是可以用文字、语言、符号等编码，可以通过报纸、书籍、光盘、声音、图像等介质传播，而隐性知识则很难编码；[①] 而 Bresman et al.（1999）、Nonaka（1994）等人则认为隐性知识的最主要特征是不易表达的，即无论是通过文字还是图像、声音都不能准确地体现默会知识的本质，因此主张用可表达性来测量知识的隐性程度。[②] 而 Simonin（2004）则综合以上两种观点，从知识的编码性及可表达性出发来衡量知识的隐性程度。[③]

综合以上观点，本书从知识的编码性及可表达性出发，采用 Likert 七级打分法，采用反向问题设计，具体设计为两个题项：①联盟伙伴知识易于编码化；②联盟伙伴的知识能够用文字、语言、符号等清晰地予以表达。

（2）知识的模糊性

Simonin（1999、2004）系统地研究了知识模糊性、导致知识模糊性的因素及其对技术知识转移的影响，研究表明，知识的模糊性是指对于某些技术/流程的技能或诀窍，我们很难弄清其行为与结果、投入与产出、原因与影响之间的逻辑联系。知识的这种特点使得它很难在企业之间进行交流，因为它深深地嵌于组织情境中。本书借鉴他的观点，采用 Likert 七级打分法，采用反向问题设计，具体题项内容为：①联盟伙伴的知识较容易传递到贵公司；②与联盟伙伴知识相关的原因与影响、投入与产出、行

---

① Kough & Zander U., Knowledge of the firm and the evolutionary theory of the multinational corporation [J]. Journal of International Business Studies, 1993, 24, 4: 625—645

② Nonaka. A dynamic theory of organizational knowledge creation [J]. Organizational Science, 1994, 5 (1): 14—37 Bresman, H, Birkinshaw J. et al. Knowledge transfer in international acquisitions [J]. Journal of International Business Studies, 1999, 30 (3), 439—462

③ Bernard L. Simonin. An empirical investigation of the process of knowledge transfer in international strategic alliances [J]. Journal of International Business Studies, 2004, 35: 407—427

为与结果之间的关联是清晰的。

3. 组织间情境因素的测量

(1) 知识差异的测量

在产学研联盟组建的过程中，知识差异是一种客观存在。从某种程度上说，知识差异是促进组织间学习的动力之一。测量企业与联盟伙伴双方的知识差异可从形成知识差异的原因入手。一方面，双方的知识差异是由各自的技术与管理积累存量差别造成的，其中在 Lane 和 Lubathin（1998）的研究中使用了“知识积累水平”来测量知识差异，本研究给予借鉴。另一方面，知识差异还可以通过知识处理过程的比较反映出来。由于企业在知识积累过程中的“路径依赖”特性，即使有相同的技术水平，不同企业的知识处理程序或技术发展过程也可能不同，因而形成了不同的知识积累手段和方法。在产学研联盟中，由联盟伙伴转移而来的带有某种路径特性的知识在企业内会遇到“路径不兼容”的问题，造成无法识别、加工、整合新知识的窘境。于是本研究把“技术发展历程”或“管理沿革”列入问卷中。具体来说，采用 Likert 七级打分法，设计为两个题项：①贵公司与联盟伙伴在技术水平和管理实力等方面有较大的差异；②双方在技术发展历程或经营管理沿革方面有很大不同。

(2) 文化协同性的测量

文化协同性是指企业与大学、科研机构在主导价值观、经营哲学等方面是否有共同的要素，即有利于组织间学习产生的学习型文化、创新型文化要素。根据 Dwyer et al.（1987）、Heide 和 John（1992）、Morgan 和 Hunt（1994），设计以下测项：①企业与大学、科研机构的主导价值观均包含学习型文化、创新型文化要素；②各方合作项目的负责人的处世哲学是一致的。

4. 企业产学研联盟组织间学习测量

对于组织间学习变量测量，Lane 和 Lyles（2001）主要从知识获取角度进行了设计，包括新产品开发技术知识、新制造流程知识和新营销技术知识;[①] Dunning（1998）认为联盟企业成功与否要从以下三个方面来判断：合作方的创新成长能力、各方互动合作的范围与程度、产业层面的合作效果。[②] Simonin（2004）在研究跨国战略联盟知识转移效果的影响因素中，对于知识转移变量主要从技术知识的掌握与转化以及对伙伴的技术依赖程度来衡量。[③]

综合以上学者的研究，本书对组织间学习变量的测量主要包括知识获取和技能提升两个方面。采用 Likert 七级打分法，设计了四个题项。具体内容如下：①从联盟伙伴那里，贵公司学到了伙伴独特的产品开发技术，贵公司的核心技术能力有了显著提升；②从联盟伙伴那里，贵公司学到了伙伴独特的产品制造流程，贵公司的核心制造能力有了显著提升；③从联盟伙伴那里，贵公司学到了伙伴独特的营销技术，贵公司的核心营销能力有了显著提升；④从联盟伙伴那里，贵公司学到了伙伴独特的管理经验，贵公司的核心战略管理能力有了显著提升。

（三）数据整理与样本的描述性统计

在数据整理阶段，首先进行数据录入。本研究主要是将问卷所取得的数据通过 SPSS15.0 软件的数据编辑窗口录入，保存为 SAV 文件，用于后续的数据分析。其次，在数据分析之前，需要对样本的总体特征予以把握，这就是样本的描述性统计。样本的描述性统计主要对样本基本资料，包括被调查者所在企业基本情况和其职位与工作性质，对这些方面进行统计分析，以描述样本的类别、特性以及比例分配状况。样本的描述性统计结果如表 4－1 所示：

---

① Lane, P. J. , Salk, J. E. , & Lyles, M. A. Absorptive capacity, learning and performance in international joint ventures. Strategic Management Journal, 2001, 22（12）: 1139—1161

② Dunning, John H, Location and multinational enterprise: a neglected factor? Journal of International Business Studies, 1998, 29, 1.

③ Bernard L Simonin. An empirical investigation of the process of knowledge transfer in international strategic alliances［J］, Journal of International Business Studies, 2004, 35: 407—427

表 4 – 1　　　　**被调查者的基本情况统计表**

<table>
<tr><th colspan="2">项目</th><th>人数
（N =）</th><th>百分比
（%）</th><th colspan="2">项目</th><th>人数
（N =）</th><th>百分比
（%）</th></tr>
<tr><td rowspan="5">任职企业经济性质</td><td>国有企业</td><td>55</td><td>25.5</td><td rowspan="4">工作性质</td><td>技术</td><td>91</td><td>1.9</td></tr>
<tr><td>私营企业</td><td>78</td><td>36.1</td><td>生产</td><td>62</td><td>12.4</td></tr>
<tr><td>股份有限公司</td><td>36</td><td>16.6</td><td>管理</td><td>43</td><td>71</td></tr>
<tr><td>有限责任公司</td><td>43</td><td>19.9</td><td>其他</td><td>20</td><td>14.7</td></tr>
<tr><td>其他</td><td>4</td><td>1.9</td><td rowspan="4">职位</td><td>基层管理者</td><td>93</td><td>43.1</td></tr>
<tr><td rowspan="3">任职企业规模</td><td>200 人以下</td><td>36</td><td>16.6</td><td>中层管理者</td><td>72</td><td>33.3</td></tr>
<tr><td>200—500 人</td><td>147</td><td>68.1</td><td>高层管理者</td><td>51</td><td>23.6</td></tr>
<tr><td>500 人以上</td><td>33</td><td>15.3</td><td></td><td></td><td></td></tr>
</table>

为了考察各变量数据的分布特点，本书主要运用了最大值、最小值、均值和标准差等指标。其中，均值又可称为“中心值”，它反映某变量所有取值的集中趋势或平均水平。而标准差则是表示变量取值距离均值的平均离散程度的统计量。标准差值越大，说明变量值之间的差异越大，距均值的离散趋势越大。表 4 – 2 是各变量的描述性统计结果，从结果可以看出：各变量下的各题项间均值都较接近，说明数据分布比较均匀；与此同时，各题项数值的标准差小于 2，说明数据的差异性较小。

表 4 – 2　　　　**各变量及题项的描述性统计**

变量及题项	样本数	最小值	最大值	均值	标准差
学习动机	216	7	21	17.03	3.164
Q1	216	1	7	5.62	1.210
Q2	216	2	7	5.73	1.223
Q3	216	1	7	5.67	1.282
学习能力	216	12	42	32.95	5.844
Q4	216	1	7	5.95	1.175
Q5	216	1	7	5.53	1.374
Q6	216	2	7	5.55	1.162
Q7	216	2	7	5.53	1.109

续表

变量及题项	样本数	最小值	最大值	均值	标准差
Q8	216	2	7	5.19	1.234
Q9	216	1	7	5.21	1.369
知识的隐性	216	2	14	5.84	2.488
Q10	216	1	7	3.09	1.371
Q11	216	1	7	2.75	1.385
知识的模糊性	216	2	13	6.35	2.469
Q12	216	1	7	3.02	1.435
Q13	216	1	7	3.33	1.481
知识差异	216	2	14	9.41	2.867
Q14	216	1	7	4.59	1.550
Q15	216	1	7	4.82	1.542
文化协同性	216	3	19	5.79	2.612
Q16	216	1	7	2.60	1.400
Q17	216	1	7	3.19	1.552
组织间学习	216	4	28	19.07	4.851
Q18	216	1	7	4.63	1.402
Q19	216	1	7	4.58	1.467
Q20	216	1	7	5.04	1.375
Q21	216	1	7	4.82	1.433

（四）问卷的信度与效度检验

1. 问卷的信度检验

所谓信度指的是一份测验所测分数的可信度或稳定性，也就是同一受测者群体在同一份测验上测验多次分数的一致性程度。问卷的信度分析包括内在信度分析和外在信度分析。本研究主要通过内在信度分析来检验问卷各题项的内部一致性。内部一致性的评价方式主要有三种：折半信度、库里信度和克朗巴哈（Cronbach's α）系数法，本书采用针对 Likert 量表开发的 Cronbach's α 系数来评估。薛薇（2007）认为：经验上，如果克朗巴哈系数大于0.9，则认为量表的内在信度很高；如果克朗巴哈系数大于0.8 而小于 0.9，则认为内在信度是可接受的；如果克朗巴哈系数大于

0.7 而小于 0.8，则认为量表存在一定问题，但仍有一定参考价值；如果克朗巴哈系数小于 0.7，则认为量表设计存在很大问题应考虑重新设计。① 在考察 Cronbach's α 系数的同时，还要求分项对总项的相关系数大于 0.35（Nunnally & Bernstein，1994）。② 本研究采用 SPSS15.0 软件运行样本数据后，分别对企业本身因素量表、知识属性量表、组织间情境因素量表进行信度分析，得到以下结果，如表 4－3、表 4－4、表 4－5 所示。

表 4－3　　企业本身因素分量表的信度检验

题项	分项对总项的相关系数	删除该题项后的 α 系数	Cronbach's α
企业本身因素			0.875
学习动机			0.810
Q1	0.684	0.715	
Q2	0.669	0.730	
Q3	0.627	0.775	
学习能力			0.872
Q4	0.742	0.844	
Q5	0.715	0.848	
Q6	0.806	0.833	
Q7	0.703	0.851	
Q8	0.601	0.867	
Q9	0.548	0.879	

企业本身因素分量表及其两个因素的 Cronbach's α 系数如表 5－2 所示。企业本身因素分量表的总 Cronbach's α 系数为 0.875，而两个因素的 Cronbach's α 系数分别是 0.810 和 0.872，均大于 0.8；分项对总项的相关系数处于 0.548—0.806 之间，全部都在 0.5 以上，并且删除任何题项后的 Cronbach's α 系数也没有显著的提高。各项数据均符合相关标准要求。

① 薛薇：《SPSS 统计分析方法及应用》，电子工业出版社 2006 年版，第 366 页。

② Nunnally J. C. & Bernstein I. H. Psychometric Theory [M]. New York: Mc Graw－Hill, Inc. 1994, 22—124.

检验结果表明，企业本身因素量表中各题项之间具有较高的内部一致性，信度比较好。

表 4 – 4　　**知识属性因素分量表的信度检验**

题项	分项对总项的相关系数	删除该题项后的系 α 数	Cronbach's α
知识属性因素			0. 869
知识的隐性			0. 813
Q10	0. 564	0. 717	
Q11	0. 678	0. 755	
知识的模糊性			0. 804
Q12	0. 622	0. 785	
Q13	0. 431	0. 788	

知识属性因素分量表及其两个因素的 Cronbach's α 系数如表 4 – 4 所示。知识属性因素分量表的总 Cronbach's α 系数为 0. 869，而两个因素的 Cronbach's α 系数分别是 0. 813 和 0. 804，均大于 0. 8；分项对总项的相关系数全部都在 0. 4 以上，最低为 0. 431，删除任何题项后的 Cronbach's α 系数也没有显著的提高。各项数据均符合相关标准要求。检验结果表明，知识属性因素量表中各题项之间具有较高的内部一致性，信度比较好。

表 4 – 5　　**组织间情境因素分量表的信度检验**

题项	分项对总项的相关系数	删除该题项后的 α 系数	Cronbach's α
组织间情境因素			0. 870
知识差异			0. 836
Q14	0. 466	0. 798	
Q15	0. 460	0. 747	
文化协同性			0. 816
Q16	0. 406	0. 768	
Q17	0. 596	0. 747	

组织间情境因素分量表及其两个因素的 Cronbach's α 系数如表 4 – 5

所示。组织间情境因素分量表的总 Cronbach's α 系数为 0.870，而两个因素的 Cronbach's α 系数分别是 0.836 和 0.816，均大于 0.8；分项对总项的相关系数处于 0.406—0.596 之间，全部都在 0.4 以上，删除任何题项后的 Cronbach's α 系数也没有显著的提高。各项数据均符合相关标准要求。检验结果表明，组织间情境因素量表中各题项之间具有较高的内部一致性，信度比较好。

表 4－6　　　　**组织间学习分量表的信度检验**

题项	分项对总项的相关系数	删除该题项后的 α 系数	Cronbach's α
组织间学习			0.877
Q18	0.709	0.851	
Q19	0.789	0.820	
Q20	0.714	0.850	
Q21	0.726	0.845	

组织间学习分量表的 Cronbach's α 系数如表 4－6 所示。组织间学习分量表的总 Cronbach's α 系数为 0.877；分项对总项的相关系数处于 0.709—0.789 之间，全部都在 0.7 以上，删除任何题项后的 Cronbach's α 系数也没有显著的提高。各项数据均符合相关标准要求。检验结果表明，组织间学习量表中各题项之间具有较高的内部一致性，信度比较好。

2. 问卷的效度检验

效度主要包括内容效度（content validity）和结构效度（construct validity）两种。Haynes、Richard 和 Kubany（1995）认为，内容效度是指测验内容在多大程度上反映或代表了研究者所要测量的构念。也就是说，问卷在内容上是否包含了我们想要测量的东西。内容效度需要在问卷设计过程中予以把握，可以采用定性或定量的方法来评价。其中，定性方法较简单易行。定性方法就是通过一组专家就某个变量的测量是否符合他们对此变量的认识进行主观判断。在本研究的问卷设计过程中，首先进行文献研究、在此基础上提出理论模型，并采用专业人士访谈和对部分企业进行试调查的方式，这些做法都是为了提高问卷的内容效度。因此，本研究问卷的设计过程已说明了问卷具有很高的内容效度。

结构效度主要用来检验问卷是否可以真正度量出所要度量的变量。在检验问卷内部结构时，主要运用探索性因子分析（exploratory factor analysis，EFA）和验证性因子分析（confirmatory factor analysis，CFA）。具体分析如下：

（1）探索性因子分析

探索性因子分析通常是将问卷的所有测量指标一起进行因子分析，再由所得到的因子载荷（factor loading）值来判断结构效度的高低。具体分析过程如下：首先，借助相关系数矩阵、巴特利特球度检验和KMO（Kaiser—Meyer—olkin）检验方法察看各变量是否适合进行探索性因子分析。Kaiser给出了常用的KMO度量标准：KMO在0.9以上表示非常适合；0.8以上表示适合；0.7以上表示一般；0.6以上表示不太适合；0.5以下表示极不适合。因此，一般情况下，如果能够通过巴特利特球度检验并且KMO值大于0.8，那么各变量适合探索性因子分析。其次，观察因子载荷值的大小。如果测量同一维度的指标因子载荷值越大，同时在其他维度上的因子载荷值越小，则表明该问卷的结构效度越高。反之，则越低。与此同时，因子载荷也是衡量变量对合成因子解释力度的重要指标，因子载荷至少在0.3以上，解释才有意义，而达到0.5则处于比较理想的水平。

下面用SPSS15.0软件运行样本数据，对各分量表进行探索性因子分析。

探索性因子分析结果如表4－7所示。数据显示，四个分量表的巴特利特球度检测统计观测值分别为675.096、172.274、236.822、394.526，相应的概率p都为0。如果显著水平a为0.05，由于概率p小于显著性水平a，应拒绝零假设，认为变量的相关系数矩阵与单位阵有显著差异，适宜做因子分析。同时，各分量表的KMO值均大于0.7，根据Kaiser给出的KMO度量标准可知原有变量适合进行因子分析。

表4－7　　　　各分量表的KMO和巴特利特球度检验结果

企业本身因素分量表	KMO		0.863
	巴特利特球度检验	卡方值	675.096
		自由度	36
		显著性概率	0
知识属性因素分量表	KMO		0.725
	巴特利特球度检验	卡方值	172.274
		自由度	6
		显著性概率	0
组织间情境因素分量表	KMO		0.719
	巴特利特球度检验	卡方值	236.822
		自由度	10
		显著性概率	0
组织间学习分量表	KMO		0.702
	巴特利特球度检验	卡方值	394.526
		自由度	6
		显著性概率	0

表4－8显示，企业本身因素分量表中的学习动机、学习能力，知识属性分量表中的知识的隐性、知识的模糊性，组织间情境因素中的知识差异、文化差异以及组织间学习、企业绩效等都具有单维度的特点，各题项的因子载荷系数都大于0.5，表明问卷有较好的结构效度。

表4－8　　　　各题项的因子载荷系数

变量	题项	因子载荷系数	特征值	累计方差贡献率（%）
企业本身因素分量表				
学习动机	Q1	0.827	3.716	41.288
	Q2	0.894		
	Q3	0.742		

续表

变量	题项	因子载荷系数	特征值	累计方差贡献率（%）
企业本身因素分量表				
学习能力	Q4	0. 789	2. 329	67. 166
	Q5	0. 814		
	Q6	0. 853		
	Q7	0. 758		
	Q8	0. 659		
	Q9	0. 710		
知识属性因素分量表				
知识的隐性	Q10	0. 882	1. 903	47. 585
	Q11	0. 855		
知识的模糊性	Q12	0. 535	1. 259	79. 062
	Q13	0. 949		
组织间情境因素分量表				
知识差异	Q14	0. 891	1. 920	38. 395
	Q15	0. 916		
文化协同性	Q16	0. 750	1. 876	75. 908
	Q17	0. 808		
组织间学习分量表				
组织间学习	Q18	0. 838	2. 919	72. 978
	Q19	0. 890		
	Q20	0. 840		
	Q21	0. 849		

（2）验证性因子分析

通过探索性因子分析，问卷的各因素和题项都已确定，这时需要进一步探究的是问卷的因素结构模型是否与实际收集的数据契合，指标变量是否可以作为相应因素变量的测量变量，这就是验证性因子分析。验证性因子分析主要通过考察假设模型与样本数据的拟合程度（model fit）来判断问卷的结构效度。如果假设模型与样本数据拟合程度较高，则表明问卷的结构效度较好。反之，则较差。一般而言，验证性因子分析用于检验观察变量与潜在变量之间的关系，本研究对于企业战略联盟组织间学习影响因素以及组织间学习与企业绩效关系的研究，大部分变量均属于潜变量，因此验证性因子分析是一种非常适合的分析方法。与此同时，这种分析方法也是结构方程模型（structural equation modeling，SEM）分析的一个前置步骤，以验证性因子分析为基础，就可能进一步去探讨潜变量间的因果关系。所以，验证性因子分析也是本研究后续要进行的结构方程分析的基础。

本书采用 AMOS7.0 软件进行 CFA 分析。借鉴吴明隆（2009）的观点，CFA 分析过程如下：首先，检验是否有违规估计现象。可以从三方面着手：①有无负的误差变异量存在；②标准化参数系数（因子载荷）是否≥1；③是否有太大的标准误存在，具体分析结果见表 4 - 9。

表 4 - 9　　各测量题项 CFA 模型的回归参数估计

题项←因子	标准化回归系数	估计值	标准误	临界比（C. R.）	显著性概率
Q1←学习动机	0.803	1.000			
Q2←学习动机	0.735	0.916	0.104	8.783	***
Q3←学习动机	0.760	0.998	0.127	7.846	***
Q4←学习能力	0.821	1.000			
Q5←学习能力	0.829	1.166	0.100	11.716	***
Q6←学习能力	0.871	1.050	0.084	12.435	***
Q7←学习能力	0.693	0.797	0.088	9.039	***
Q8←学习能力	0.664	0.846	0.101	8.347	***
Q9←学习能力	0.543	0.771	0.113	6.825	***
Q10←知识的隐性	0.694	1.000			
Q11←知识的隐性	0.907	1.320	0.186	7.089	***
Q12←知识的模糊性	0.836	1.000			
Q13←知识的模糊性	0.517	0.639	0.131	4.877	***
Q14←组织间知识差异	0.985	1.000			
Q15←组织间知识差异	0.730	0.736	0.177	4.151	***
Q16←组织间文化差异	0.564	1.000			

续表

题项←因子	标准化回归系数	估计值	标准误	临界比（C. R.）	显著性概率
Q17←组织间文化差异	0.788	1.883	0.390	4.831	***
Q18←组织间学习	0.848	1.000			
Q19←组织间学习	0.989	1.219	0.101	12.076	***
Q20←组织间学习	0.597	0.690	0.085	8.137	***
Q21←组织间学习	0.606	0.731	0.088	8.314	***

从表4－9可以看出，各分量表中各题项均没有负的误差变异量；标准化系数在0.517—0.989之间，标准化系数＜1；标准误差在0.084—0.390，没有太大的标准误存在。所以，可以进行进一步效度分析。

在此基础上，本书对CFA模型的适配效果进行分析，检验各分量表的整体效度。表4－10给出了各分量表CFA分析的整体模型适配度检验指标的统计值，其中，各分量表的显著性概率 $p > 0.05$，可以接受虚无假设，表示本研究所提出的理论模型与实际数据可以契合。各分量表的 X^2 自由度比＜2，GFI＞0.90，AGFI＞0.90，RMSEA＜0.06，IFI＞0.90，TLI＞0.90，CFI＞0.90，表明各适配指标值均达到模型可接受的标准。因此，各分量表的CFA模型与样本数据的适配情形良好，即模型的外在质量佳，测量模型具有较好的结构效度。

表4－10　**各分量表CFA分析的整体模型适配度检验**

分量表	X^2	d. f.	p	X^2/d. f.	GFI
企业本身因素	32.352	21	0.054	1.541	0.957
知识属性因素	1.047	1	0.828	1.047	1.000
组织间情境因素	2.688	2	0.709	1.344	0.998
组织间学习	1.288	1	0.591	1.288	0.999
变量	AGFI	RMSEA	IFI	TLI	CFI
企业本身因素	0.907	0.060	0.983	0.970	0.983
知识属性因素	0.998	0.000	1.005	1.034	1.000
组织间情境因素	0.986	0.000	1.005	1.028	1.000
组织间学习	0.990	0.000	1.002	1.011	1.000

在没有违规估计现象且各分量表 CFA 分析的适配效果符合要求的条件下，可以检验各显变量的效度，即观察各题项在其所反映的因子上的标准化负荷量，即标准化回归系数，如果这个系数达到显著即表示这些题项可以用来反映该因子。从表 4－10 中可以看出，所有的标准化回归系数都有很高的显著水平，说明显变量对潜变量的解释能力符合要求，各显变量可以有效地作为其所属因子的指标，不需要删除任何变量。

三　假设检验

以 CFA 分析为基础，应用结构方程（SEM）来验证产学研联盟组织间学习影响因素的路径模型。根据前面的理论分析，影响产学研联盟组织间学习的因素主要有三个方面：企业本身因素、知识属性因素和组织间情境因素。下面运用 AMOS 软件分别对这三个方面因素对组织间学习的影响进行结构方程分析。

（一）企业本身因素对组织间学习的结构方程分析

1. 初始 SEM 模型的建立

图 4－2 是企业本身因素对组织间学习的初始结构方程模型的路径图。初始模型中共有 3 个潜变量和 13 个显变量，潜变量分别是学习动机、学习能力和组织间学习，显变量分别是 q1、q2、q3、q4、q5、q6、q7、q8、q9、q18、q 19、q20、q21；除了潜变量和显变量外，模型中还存在着 e1—e14 共 14 个残差变量（Residual Variance），它们的路径系数默认值为 1；w1 至 w12 为回归系数，v1 至 v16 为方差。

经过 Amos Graphics 的第一次计算过程，得到 SEM 模型估计的各项拟合优度指标，表 4－11 列出了初始 SEM 模型的适配度检验结果。从表 4－11的结果看，大部分指标未达到模型可以适配的标准。整体而言，初始模型与实际数据间无法契合，因而需要对初始 SEM 模型作出修正，以使之更符合数据所反映的模型。

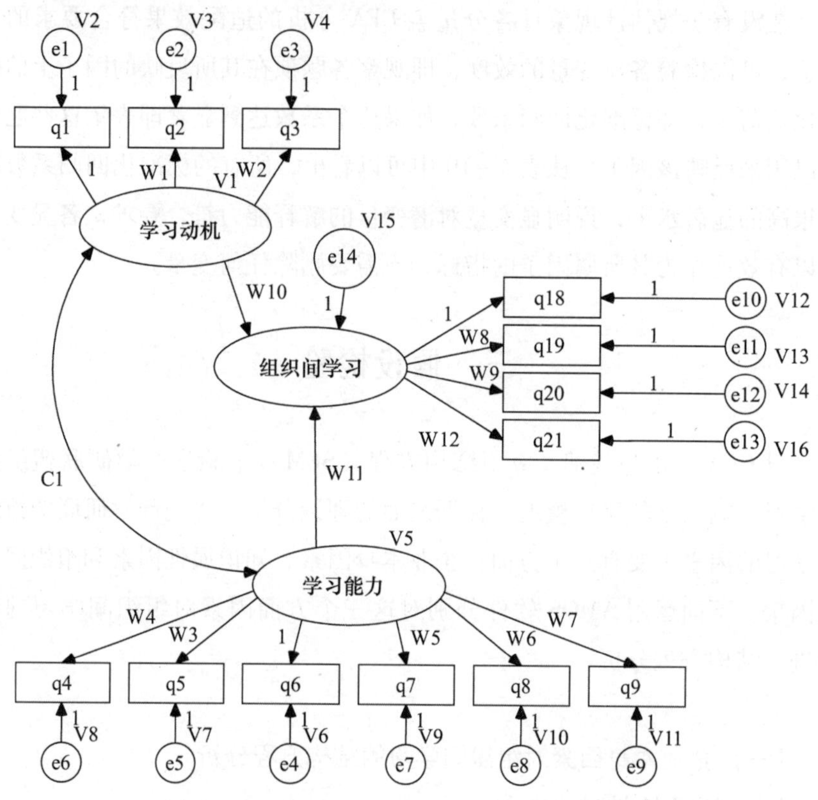

图 4－2 企业本身因素对组织间学习的初始 SEM 模型路径图

表 4－11 企业本身因素对组织间学习初始 SEM 分析的适配度检验

统计检验量	适配的标准或临界值	检验结果数据	模型适配判断
绝对适配度指数			
χ^2	p ＞ 0.05（未达显著水平）	192.242（p＝0.000＜0.05）	否
RMR 值	＜0.05	0.121	否
RMSEA	＜0.05（适配良好）， ＜0.08（适配合理）	0.119	否
GFI	＞0.90 以上	0.844	否
AGFI	＞0.90 以上	0.771	否

续表

统计检验量	适配的标准或临界值	检验结果数据	模型适配判断
增值适配度指数			
NFI	>0.90 以上	0.84	否
RFI	>0.90 以上	0.799	否
IFI	>0.90 以上	0.886	否
TLI	>0.90 以上	0.854	否
CFI	>0.90 以上	0.884	否
简约适配度指数			
PGFI	>0.50 以上	0.575	是
PNFI	>0.50 以上	0.668	是
PCFI	>0.50 以上	0.703	是
X^2 自由度比（X^2/d. f.）	<2	3.101	否
AIC 值	理论模型值小于独立模型值，且同时小于饱和模型值	250.242 > 182.000 250.242 < 1228.942	否
CAIC 值	理论模型值小于独立模型值，且同时小于饱和模型值	366.551 < 546.968 366.551 < 1281.081	是

2. SEM 模型的修正

Amos 7.0 软件不仅给出模型检验结果，还给出了建议修改的指标。根据初始模型的适配情况，主要是建议增加残差间的协方差关系。通常 Amos 的模型调整并不是一次或两次就能够完全实现的，每次经过 Amos 计算之后的模型，Amos 在其计算结果中都会给出相应的调整参考，根据Amos的这种功能，通过建立残差间的协方差关系，最终得到能够跟数据拟合的模型。修改模型中增加的残差间的协方差关系主要有：e1 <——> e5，e5 <——> e8，e7 <——> e8，e7 <——> e9，e9 <——> e10，e9 <——> e13，e12 <——> e13。

按照 Amos 给出的修正指标对模型进行修正并重新运行估计。表 4 - 12列出了修正后 SEM 模型的最终适配度检验结果。修正后的模型适配度统计量中，卡方值等于 72.232，显著性概率值 $p = 0.59 > 0.05$，接受虚无假设，假设理论模型与实际数据间可以契合。再从其他适配度指标来看，卡方自由度比值为 1.313 <2，RMSEA 值等于 0.046 <0.05，GFI 值等于 0.935 >0.90，AGFI 值等于 0.902 >0.90，NFI 值等于 0.94 >0.90，RFI 值等于 0.915 >0.90，IFI 值等于 0.985 >0.90，TLI 值等于 0.978 >0.90，CFI 值等于 0.985 >0.90，均达到模型可以接受标准。整体而言，从主要适配度统计量来看，修正后模型与实际数据可以适配。

表 4－12　**修正后企业本身因素对组织间学习 SEM 分析的适配度检验**

统计检验量	适配的标准或临界值	检验结果数据	模型适配判断
χ^2	p > 0.05（未达显著水平）	72.232（p＝0.59 > 0.05）	是
RMR 值	<0.05	0.078	否
RMSEA 值	<0.05（适配良好）， <0.08（适配合理）	0.046	是
GFI 值	>0.90 以上	0.935	是
AGFI 值	>0.90 以上	0.902	是
NFI 值	>0.90 以上	0.94	是
RFI 值	>0.90 以上	0.915	是
IFI 值	>0.90 以上	0.985	是
TLI 值	>0.90 以上	0.978	是
CFI 值	>0.90 以上	0.985	是
PGFI 值	>0.50 以上	0.565	是
PNFI 值	>0.50 以上	0.663	是
PCFI 值	>0.50 以上	0.694	是
χ^2 自由度比 （χ^2/d. f.）	<2	1.313	是
AIC 值	理论模型值小于独立模型值，且同时小于饱和模型值	144.232 <182.000 144.242 <1228.942	是
CAIC 值	理论模型值小于独立模型值，且同时小于饱和模型值	288.615 <546.968 288.615 <1281.081	是

3. 研究假设的验证

表 4－13 给出了修正后 SEM 模型中各潜变量之间路径关系系数的标

准化估计值、临界比（C. R.）以及路径关系系数的显著性检验结果。

表 4 - 13　　修正后 SEM 模型的回归参数估计（一）

路　径	标准化回归系数	估计值	标准误	临界比（C. R.）	显著性概率
组织间学习←学习动机	0. 184	0. 227	0. 115	1. 972	0. 049
组织间学习←学习能力	0. 513	0. 622	0. 114	5. 434	***

注: *** 表示显著性概率小于 0. 001。

假设 Hl 验证：如表 4 - 13 所示，学习动机与组织间学习之间路径系数的标准化估计值为 0. 184，非标准化估计值为 0. 227，临界比（C. R.）为 1. 972，显著性概率为 0. 049 <0. 05，路径系数在 0. 05 显著性水平下显著，假设 Hl 成立。这与前面的分析结果一致，即企业的学习动机与组织间学习正相关。

假设 H2 验证：如表 4 - 13 所示，学习能力与组织间学习之间路径系数的标准化估计值为 0. 513，非标准化估计值为 0. 622，临界比（C. R.）为 5. 434，显著性概率为 0. 000 <0. 001，路径系数在 0. 001 显著性水平下显著，假设 H2 成立。这与前面的分析结果一致，即企业的学习能力与组织间学习正相关。

（二）知识属性因素对组织间学习的结构方程分析

1. 初始 SEM 模型的建立

图 4 - 3 是知识属性因素对组织间学习的初始结构方程模型的路径图。初始模型中共有 3 个潜变量和 8 个显变量，除了潜变量和显变量外，模型中还存在着 e1—e9 共 9 个残差变量，它们的路径系数默认值为 1。

经过 Amos Graphics 的第一次 Calculate Estimates 计算过程，得到 SEM 模型估计的各项拟合优度指标，表 4 - 14 列出了初始 SEM 模型的适配度检验结果。从表 4 - 14 的结果看，大部分指标未达到模型可以适配的标准。整体而言，初始模型与实际数据间无法契合，因而需要对初始 SEM 模型作出修正。

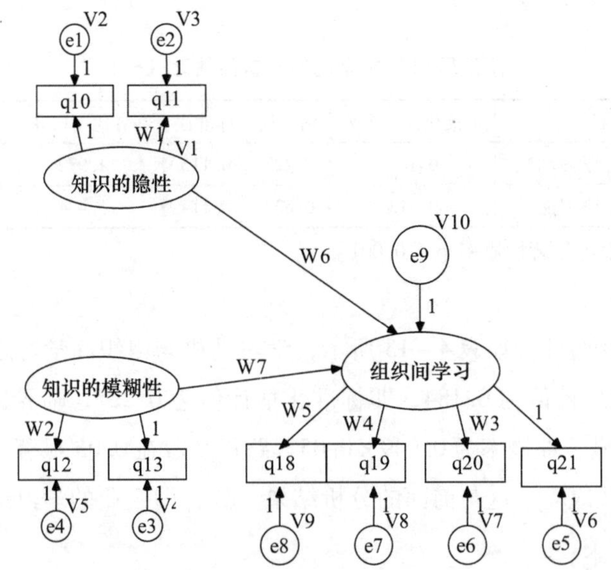

图 4-3　知识属性因素对组织间学习的初始 SEM 模型路径图

表 4-14　知识属性因素对组织间学习初始 SEM 分析的适配度检验

统计检验量	适配的标准或临界值	检验结果数据	模型适配判断
绝对适配度指数			
χ^2	p > 0.05（未达显著水平）	103.608（p = 0.000 < 0.05）	否
RMR 值	< 0.05	0.139	否
RMSEA	< 0.05（适配良好）， < 0.08（适配合理）	0.185	否
GFI	> 0.90 以上	0.864	否
AGFI	> 0.90 以上	0.712	否
增值适配度指数			
NFI	> 0.90 以上	0.838	否
RFI	> 0.90 以上	0.733	否
IFI	> 0.90 以上	0.861	否
TLI	> 0.90 以上	0.767	否
CFI	> 0.90 以上	0.858	否

续表

统计检验量	适配的标准或临界值	检验结果数据	模型适配判断
简约适配度指数			
PGFI	>0.50 以上	0.408	否
PNFI	>0.50 以上	0.509	是
PCFI	>0.50 以上	0.521	是
χ^2 自由度比（χ^2/d.f.）	<2	6.095	否
AIC 值	理论模型值小于独立模型值，且同时小于饱和模型值	141.608 >72.000 141.608 <655.267	否
CAIC 值	理论模型值小于独立模型值，且同时小于饱和模型值	217.810 >216.383 217.810 <687.352	否

2. SEM 模型的修正

根据 Amos 给出的建议修改的指标，进行模型的修正。所修改模型中增加残差间的协方差关系主要有：e5 <——> e6，e3 <——> e6。表 4－15 列出了修正后 SEM 模型的最终适配度检验结果。修正后的模型适配度统计量中，卡方值等于 17.353，显著性概率值 $p = 0.298 > 0.05$，接受虚无假设，假设理论模型与实际数据间可以契合。再从其他适配度指标来看，卡方自由度比值为 1.157 <2，RMSEA 值等于 0.032 <0.05，GFI 值等于 0.972 >0.90，AGFI 值等于 0.932 >0.90，NFI 值等于 0.973 >0.90，RFI 值等于 0.949 >0.90，IFI 值等于 0.996 >0.90，TLI 值等于 0.993 >0.90，CFI 值等于 0.996 >0.90，主要指标均达到模型可以接受标准。整体而言，从主要适配度统计量来看，修正后模型与实际数据可以适配。

表 4－15　修正后知识属性因素对组织间学习 SEM 分析的适配度检验

统计检验量	适配的标准或临界值	检验结果数据	模型适配判断
绝对适配度指数			
χ^2	$p > 0.05$（未达显著水平）	17.353（$p = 0.298 > 0.05$）	是
RMR 值	<0.05	0.048	是

续表

统计检验量	适配的标准或临界值	检验结果数据	模型适配判断
绝对适配度指数			
RMSEA 值	<0.05（适配良好），<0.08（适配合理）	0.032	是
GFI 值	>0.90 以上	0.972	是
AGFI 值	>0.90 以上	0.932	是
增值适配度指数			
NFI 值	>0.90 以上	0.973	是
RFI 值	>0.90 以上	0.949	是
IFI 值	>0.90 以上	0.996	是
TLI 值	>0.90 以上	0.993	是
CFI 值	>0.90 以上	0.996	是
简约适配度指数			
PGFI 值	>0.50 以上	0.405	否
PNFI 值	>0.50 以上	0.521	是
PCFI 值	>0.50 以上	0.534	是
χ^2 自由度比（χ^2/d.f.）	<2	1.157	是
AIC 值	理论模型值小于独立模型值，且同时小于饱和模型值	59.353 <72.000 59.353 <655.267	是
CAIC 值	理论模型值小于独立模型值，且同时小于饱和模型值	143.577 <216.383 143.577 <687.352	是

3. 研究假设的验证

假设 H3 验证：如表 4－16 所示，知识的隐性与组织间学习之间路径系数的标准化估计值为－0.251，非标准化估计值为－0.511，临界比（C.R.）为－2.791，显著性概率为 0.000 <0.001，路径系数在 0.001 显著性水平下显著，假设 H3 成立。这与前面的分析结果一致，即知识的隐性与组织间学习负相关。

假设 H4 验证：如表 4－16 所示，知识的模糊性与组织间学习之间路径系数的标准化估计值为－0.429，非标准化估计值为－0.463，临界比（C.R.）为－2.030，显著性概率为 0.042 <0.05，路径系数在 0.05 显著

性水平下显著，假设 H4 成立。这与前面的分析结果一致，即知识的模糊性与组织间学习呈负相关。

表 4 - 16　　　　修正后 SEM 模型的回归参数估计（二）

路径	标准化回归系数	估计值	标准误	临界比（C. R.）	显著性概率
组织间学习←知识的隐性	-0.251	-0.511	0.183	-2.791	***
组织间学习←知识的模糊性	-0.429	-0.463	0.228	-2.030	0.042

（三）组织间情境因素对组织间学习的结构方程分析

1. 初始 SEM 模型的建立

如前所述，本书假设组织间情境因素中包括两个因素：知识差异和文化协同性，其中，知识差异与组织间学习呈倒 U 型关系，经过数据变换后呈负相关关系；而文化协同性与组织间学习呈正相关关系。图 4 - 4 是

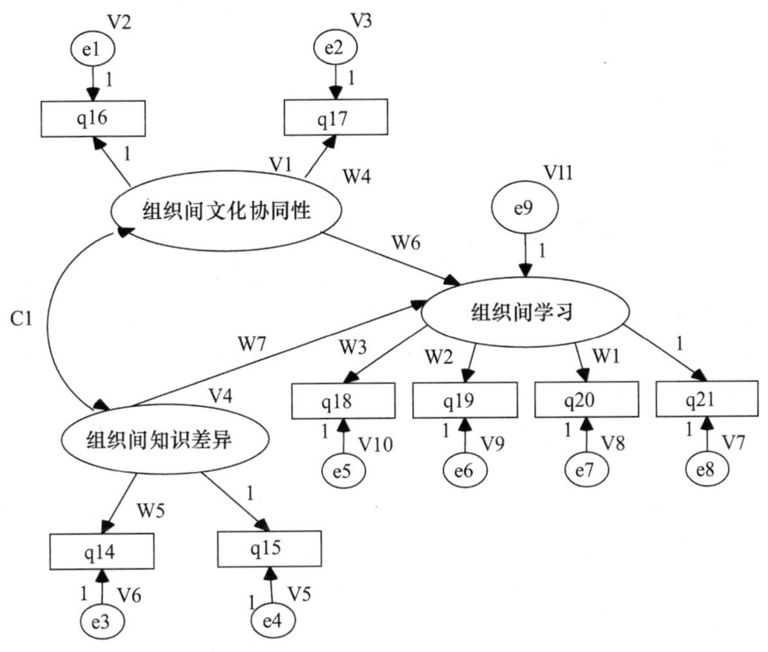

图 4 - 4　组织间情境因素对组织间学习的初始 SEM 模型路径图

组织间情境各因素对组织间学习的初始结构方程模型的路径图。初始模型中共有3个潜变量和8个显变量，除了潜变量和显变量外，模型中还存在着e1—e9共9个残差变量，它们的路径系数默认值为1。

在AMOS软件中执行计算过程，得到初始SEM模型的适配度检验结果，如表4-16所示。从表4-16的结果看，大部分指标未达到模型可以适配的标准。整体而言，初始模型与实际数据间无法契合，因而需要对初始SEM模型作出修正。

表4-16 组织间情境因素对组织间学习初始SEM分析的适配度检验

统计检验量	适配的标准或临界值	检验结果数据	模型适配判断
绝对适配度指数			
χ^2	$p>0.05$（未达显著水平）	155.015（$p=0.000<0.05$）	否
RMR值	<0.05	0.152	否
RMSEA	<0.05（适配良好），<0.08（适配合理）	0.191	否
GFI	>0.90以上	0.826	否
AGFI	>0.90以上	0.675	否
增值适配度指数			
NFI	>0.90以上	0.782	否
RFI	>0.90以上	0.673	否
IFI	>0.90以上	0.809	否
TLI	>0.90以上	0.709	否
CFI	>0.90以上	0.806	否
简约适配度指数			
PGFI	>0.50以上	0.441	否
PNFI	>0.50以上	0.521	是
PCFI	>0.50以上	0.537	是
χ^2自由度比（χ^2/d.f.）	<2	3.701	否
AIC值	理论模型值小于独立模型值，且同时小于饱和模型值	197.015>90.000 197.015<729.480	否
CAIC值	理论模型值小于独立模型值，且同时小于饱和模型值	281.238<270.479 281.238<765.576	是

2. SEM 模型的修正

根据 Amos 给出的建议修改的指标，进行模型的修正。所修改模型中增加残差间的协方差关系主要有：e9 <——> e8，e7 <——> e6，e2 <——> e10，e5 <——> e7，e1 <——> e8，e1 <——> e5，e2 <——> e4。表 4 – 17 列出了修正后 SEM 模型的最终适配度检验结果。

表 4 – 17　**修正后组织间情境因素对组织间学习 SEM 分析的适配度检验**

统计检验量	适配的标准或临界值	检验结果数据	模型适配判断
绝对适配度指数			
χ^2	p > 0.05（未达显著水平）	27.909（p = .052 > 0.05）	是
RMR 值	<0.05	0.012	是
RMSEA 值	<0.05（适配良好）， <0.08（适配合理）	0.071	是
GFI 值	>0.90 以上	0.943	是
AGFI 值	>0.90 以上	0.992	是
增值适配度指数			
NFI 值	>0.90 以上	0.940	是
RFI 值	>0.90 以上	0.910	是
IFI 值	>0.90 以上	0.967	是
TLI 值	>0.90 以上	0.939	是
CFI 值	>0.90 以上	0.966	是
简约适配度指数			
PGFI 值	>0.50 以上	0.542	是
PNFI 值	>0.50 以上	0.568	是
PCFI 值	>0.50 以上	0.536	是
χ^2 自由度比（χ^2/d. f.）	<2	1.744	是
AIC 值	理论模型值小于独立模型值，且同时小于饱和模型值	85.909 <90.000 85.909 <729.480	是
CAIC 值	理论模型值小于独立模型值，且同时小于饱和模型值	193.160 <270.479 193.160 <765.576	是

修正后的模型适配度统计量中，卡方值等于 27.909，显著性概率值 p = 0.052 > 0.05，接受虚无假设，假设理论模型与实际数据可以契合。

再从其他适配度指标来看，卡方自由度比值为 1.744 <2，RMSEA 值等于 0.071 <0.08，GFI 值等于 0.962 >0.90，AGFI 值等于 0.992 >0.90，NFI 值等于 0.960 >0.90，RFI 值等于 0.910 >0.90，IFI 值等于 0.982 >0.90，TLI 值等于 0.959 >0.90，CFI 值等于 0.982 >0.90，主要指标均达到模型可以接受标准。整体而言，从主要适配度统计量来看，修正后模型与实际数据可以适配。

3. 研究假设的验证

表 4 - 18 给出了修正后 SEM 模型的标准化估计值、临界比（C. R.）以及路径关系系数的显著性检验结果。

表 4 - 18　**修正后 SEM 模型的回归参数估计（三）**

路　径	标准化回归系数	估计值	标准误	临界比（C. R.）	显著性概率
组织间学习←文化协同性	0.205	0.436	0.212	2.060	0.027
组织间学习←知识差异	—0.328	—0.252	0.104	—2.423	0.016

假设 H5 验证：如表 4 - 18 所示，知识差异与组织间学习之间路径系数的标准化估计值为 - 0.328，非标准化估计值为 - 0.252，临界比（C. R.）为 -2.423，显著性概率为 0.016 <0.05，路径系数在 0.05 显著性水平下显著，说明转换后的数据支持两者的负相关关系，从而验证了 0 知识差异与组织间学习的倒 U 型关系。即：假设 H5 成立。

假设 H6 验证：如表 4 - 18 所示，文化协同性与组织间学习之间路径系数的标准化估计值为 0.205，非标准化估计值为 0.436，临界比（C. R.）为 2.060，显著性概率为 0.027 <0.05，路径系数在 0.05 显著性水平下显著，假设 H6 成立。这与前面的分析结果一致，即文化协同性与组织间学习正相关。

（四）假设检验小结

企业产学研联盟组织间学习影响因素理论模型的整体检验结果如表 4 - 19 所示。

表 4-19　企业产学研联盟组织间学习影响因素的整体检验结果

假设	内　　容	检验结果
假设 H1	企业的学习动机与组织间学习正相关	支持
假设 H2	企业的学习能力与组织间学习正相关	支持
假设 H3	知识的隐性与组织间学习负相关	支持
假设 H4	知识的模糊性与组织间学习负相关	支持
假设 H5	知识差异与组织间学习呈倒 U 型关系	支持
假设 H6	文化协同性与组织间学习正相关	支持

（五）SEM 模型分析结果与讨论

1. SEM 模型分析小结

本章运用 SEM 模型分析方法对产学研联盟组织间学习影响因素的路径模型进行了实证分析。各影响因素与组织间学习的路径关系如图 4-10 所示。

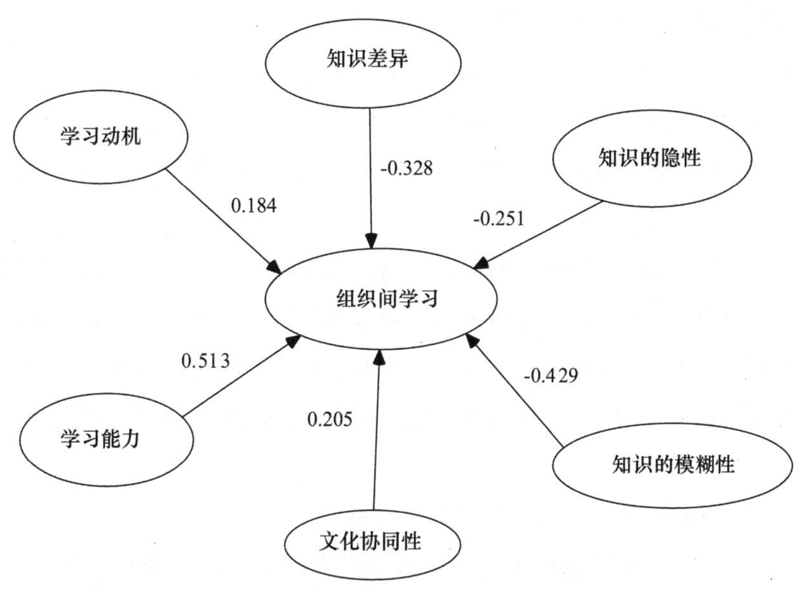

图 4-10　产学研联盟组织间学习影响因素路径关系图

2. 数据分析结果与讨论

（1）企业本身因素与组织间学习关系

本研究对于企业本身因素，主要探讨企业学习动机和学习能力两个因素对组织间学习的影响。从学习动机对组织间学习的影响来看，回归系数是0.184（$p<0.05$），表明学习动机与组织间学习正相关。这一研究结果与Hamel（1991）的观点是一致的，即学习动机是组织间学习过程的重要影响因素之一。葛京（2004）将企业在联盟中的学习动机归纳为两类，资源替代与能力的提升。基于第一类动机，企业仅仅将联盟合作视为本企业短缺资源的获取途径或替代机制，其目的是为了解决某一业务方面的问题，而出于第二类目的，企业则是将合作视为建立可以运用于整个企业范围的能力的途径，因此具有明显地将合作伙伴的知识内化的倾向。以能力提升作为合作动机的企业，一般具有比较强烈的从联盟中进行系统化学习的倾向，其学习动机强烈，组织间学习效果较好。相应地，学习能力对组织间学习的影响，其回归系数是0.513（$p<0.001$），表明学习能力与组织间学习正相关。从企业自身而言，如果说学习动机是企业在联盟中有效学习的前提，学习能力则是关键。具体来说，知识获取能力、吸收能力、整合能力与应用能力，这四方面能力缺一不可，它们的有机整合决定了企业学习能力的强弱。企业只有具有较强的学习能力，才能在与联盟伙伴的互动交流中处于主动地位，才能有效达成自身的学习目标，从而获得良好的组织间学习效果。

从上述的实证结果中我们可以看出，无论是企业的学习动机还是学习能力对组织间学习都存在着显著的正向影响。任何一个企业，只有其拥有强烈的学习动机与较强的学习能力，才能获得联盟成员的青睐而成为联盟伙伴的最佳选择，因此自身的修炼是影响企业在联盟中学习能否成功的最关键因素。

（2）知识属性因素与组织间学习关系

知识属性因素包括知识的隐性和知识的模糊性两个因素。其中，知识的隐性对组织间学习的影响，其回归系数是-0.251（$p<0.001$），表明知识的隐性与组织间学习呈负相关关系。知识的隐性是组织间学习的

一个阻碍因素。知识模糊性对组织间学习的影响，其回归系数是 -0.429（$p<0.05$），表明知识的模糊性与组织间学习呈负相关关系。这一结果与 Simonin（1999）的观点一致。

从以上实证结果我们可以看出，知识的隐性和知识的模糊性是企业联盟组织间学习的两个阻碍因素。知识的隐性与模糊性特点导致知识的难以模仿与转移。同时也说明了为什么隐性知识是企业核心竞争力的重要构成内容。让我们认识到隐性知识是企业联盟组织间学习的关键所在。而这就给企业带来了一个两难的问题，即采用什么方法来克服这一客观存在的障碍将是提升组织间学习效果的重要课题之一。

（3）组织间情境因素与组织间学习关系

对于组织间情境因素，本研究主要考虑知识差异和文化协同性两个因素。其中，对于知识差异对组织间学习的影响，在分析中进行了数据转换，转换后的变量与组织间学习的关系，其回归系数是 -0.328（$p<0.05$），表明这一变量与组织间学习负相关，则印证了知识差异与组织间学习呈倒 U 型关系。即联盟双方知识差异太小太大，都不利于产生良好的组织间学习效果；只有中等程度的组织间知识差异最有利于组织间学习效果的提升。如果联盟双方的知识差异小，意味着两者的知识同质性高，双方可能都会认为没有学习的必要，因此学习动机减弱，不利于产生良好的组织间学习效果。而如果联盟双方的组织间知识差异过大，则会由于双方所拥有的知识背景不同，他们在学习中就不能很好地理解对方的知识，从而要求双方要对对方的知识进行诠释，他们之间学习的中间环节就会增多，从而不利于组织间学习效果的提升。Hamel（1991）认为如果联盟伙伴的技术差距过大，他们之间的学习就变得几乎不可能；[①] 在中等程度的知识差异下，联盟双方会有较强的学习动机，与此同时，双方的知识背景有一定的共同点，Cummings J. L. 和 Teng Bingsheng（2003）认为如果联盟企业拥有重要的共

---

① Hamel G. Competition for competence and interpartner learning within international strategic alliances [J]. Strategic Management Journal, 1991, 12: 83—103.

有知识，他们将具有较高的“相对吸收能力”①，有利于知识的转移与创造，从而会产生良好的组织间学习效果。

文化协同性对组织间学习的影响，其回归系数是0.205（$p<0.05$），说明文化协同性与组织间学习正相关，即文化协同性越高，其组织间学习效果越好。文化协同性高意指企业与大学、科研机构都拥有共享的学习型、创新型文化要素，因此，联盟各方都会特别重视组织学习与创新，在这一背景下，各方也会更愿意彼此间互相合作，从而有利于企业获得良好的组织间学习效果。

四　本章小结

本章首先提出理论模型和相关研究假设，接着采用问卷调查的方法进行数据的收集。在数据收集过程中，首先，进行问卷设计，设计了各变量的测量方式。其次，选择适合的调查对象进行问卷发放，问卷回收后进行数据整理，并对样本与变量作描述性统计。再次，对问卷进行信度与效度检验，检验结果表明问卷具有良好的信度与效度，所收集的数据可用于后续的数据分析与模型检验。最后，运用结构方程模型方法对各假设进行检验，检验结果表明，各假设均成立。根据得出的结果进行了相应讨论。

① Cummings J . L. , Teng Bingsheng. Transferring R&Dknowledge: the key factors affecting knowledge transfer success [J]. Journal of Engineering and Technology Management, 2003, 20: 39—68.

第五章　产学研联盟组织间学习与组织绩效关系研究

在产学研联盟中，企业与大学、科研机构开展组织间学习，将有助于丰富企业的知识库，提升企业的核心竞争力，进而提升企业的组织绩效。但是，组织间学习与组织绩效的关系会受到一些变量的影响。因此，本章一方面，研究组织间学习与组织绩效之间的关系；另一方面，探讨有哪些变量会对两者之间的关系产生影响以及具体的影响机制。

一　理论模型与研究假设

企业产学研联盟组织间学习与组织绩效关系的理论模型如图 5 - 1 所示。其中，组织间学习是自变量，组织绩效是因变量，联盟形式、联盟关系嵌入构型和联盟控制方式为调节变量。

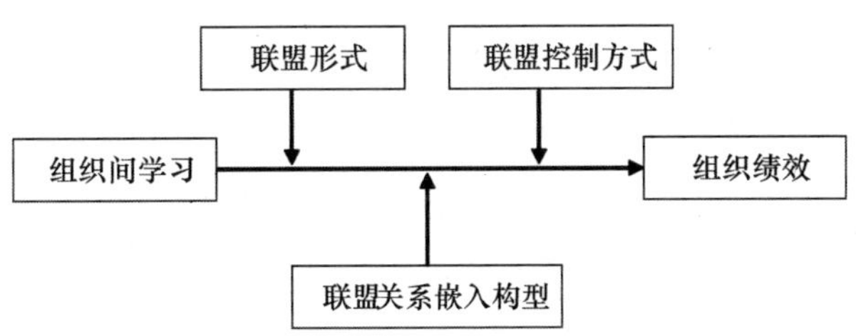

图 5 - 1　产学研联盟组织间学习与组织绩效关系理论模型

（一）产学研联盟组织间学习

根据第三章对产学研联盟组织间学习的内涵界定，认为产学研联盟组织间学习是指在产学研联盟中，企业通过与高校、科研机构的相互沟通与交流来获取、开发、创造与使用知识，从而提高企业能力与绩效的一个动态过程。这一概念阐明了企业在产学研联盟中的组织间学习是一个共享与创造知识的过程。在产学研联盟中，组织间学习过程一方面表现为知识在组织间的传递；另一方面则是通过联盟各方互动创造全新知识。而企业与大学、科研机构开展组织间学习的根本目标是从大学、科研机构获取知识以实现可持续创新，不断提升其竞争优势。因此，组织间学习的结果即为知识的掌握与能力的提升。企业员工的个人能力源于对知识的掌握和创造性的运用，知识一旦为企业员工有组织地掌握就转化为企业集体拥有的某一方面的能力，而这种能力正是形成核心竞争力的基础。因此，企业通过内部知识的创新和外部知识的获取而不断形成新的知识，并有组织地在企业内部学习、共享，不断形成和强化企业要素能力，从而获得核心竞争力的提升。企业核心竞争力主要表现为以下几种能力：（1）企业核心技术能力。这是核心竞争力的内在核心，企业拥有独特的、先进的技术资源，能够给企业带来显著的技术优势，从而转化为企业的核心技术能力，具体包括研发能力、产品和工艺创新能力。（2）企业核心制造能力。这是指企业以与同行业竞争对手相比最低的成本、最短的时间内生产出市场所需产品的能力，亦即企业利用生产方面的知识使得核心技术能力得以实现的能力。具体表现为设备的更新、流程的改进乃至生产效率的提高。（3）企业核心营销能力。这是指挖掘客户价值的能力和把产品变现的能力，主要包括把握市场动向的“情报力”、有组织向市场渗透的“店铺力”、提高商品销售能力和竞争能力的“商品力”、接近和影响顾客的“推销力”以及维护顾客与深化顾客关系的“服务力”的总和。[①]（4）企

① 童利忠、丁胜利、马继征：《企业核心竞争力新论：理论与案例》，人民邮电出版社2006年版，第35—37页。

业核心战略管理能力。企业战略管理能力是战略规划能力、战略实施能力与战略控制能力的总和。企业核心战略管理能力一般表现为企业的使命清晰、战略目标明确、战略设计符合企业实际、战略实施效果好、战略控制到位、战略规划、实施与控制三者达到有机配合。

（二）组织绩效

在产学研联盟中，企业通过与联盟伙伴的组织间学习，最终会带来组织绩效的改善与提高。Prashant Kale、Harbir Singh 和 Howard Perlmutter（2000）在文献综述的基础上提出了对于战略联盟研究的三大主流，包括联盟动机的研究、联盟治理结构的研究和联盟有效性与联盟绩效的研究。[①] 虽然联盟绩效一直是学者们关注的研究热点，但对于它的研究却存在很大的问题，因为通常意义上我们很难获得从联盟整体角度的绩效结果，一方面可能是由于联盟自身的灵活性特点，特别是契约式联盟，它的存续时间长短不一；另一方面可能是由于它的结构形式的复杂性与多样性。因此，应该将联盟绩效转化为联盟中各企业的绩效来研究，这样产学研联盟中各企业组织绩效的研究可能成为联盟研究中的关键问题。

对于组织绩效的研究，到目前为止学者们并没有达成一致的看法。杨水利（2009）认为组织绩效实际上也就是某种形式的组织效能，对于组织绩效的评价，存在三种基本思路，即基于目标的思路、系统思路和多源评价的思路。并以企业在盈利能力、资产质量、债务风险、经营增长四个维度相对同行企业的竞争优势作为企业的绩效，具体包括销售利润率、净资产收益率、总资产报酬率、总资产周转率、流动资产周转率、资产现金回收率、速动比率、流动比率、资产负债率、销售利润增长率、资本保值增值率、总资产增长率等指标；[②]陈国权、周为（2009）认为组织绩效主要

---

① Prashant Kale, Harbir Singh & Howard Perlmutter. Learning and Protection of Proprietary Assets in Strategic Alliances: Building Relational Capital [J]. Strategic Management Journal, 2000 (21): 217—237

② 杨水利、李韬奋、党兴华、单欣：《组织学习动态能力与企业绩效之间关系的实证研究》，《运筹与管理》2009 年第 18 期。

通过市场份额、销售额增长、边际收益率、资产回报率来反映；[①] 李随成、杨婷（2009）在对研发合作绩效的研究中引用了林义屏（2001）的研究成果，认为企业研发合作绩效应包括以下八个方面：新产品投入市场的速度、新产品的种类、产品生产成本的降低、企业业务量的增加、研发风险的降低、合作满意度的提升、合作目标的达成、企业自主研发能力的提升。其中，前四个属于客观绩效的测度指标，后四个属于主观绩效的测度指标；[②] Xu Jiang、Yuan Li（2008）对战略联盟中组织绩效的研究主要关注的是财务绩效，从销售额、利润、投资回报率和投资回报率四个项目来反映。[③]

以各位学者对组织绩效的相关研究为基础，本书将企业在产学研联盟中开展组织间学习所带来的组织绩效的改善与提高通过以下几个方面来体现：产品质量的改善、客户满意度的提升、企业声誉的提升、销售额、利润、市场份额、投资回报率、资产收益率的增加。

（三）组织间学习与组织绩效的关系

关于组织学习与组织绩效的关系，学者们进行了大量的理论与实证研究。毛建军等（2008）以 394 家中国企业为问卷调查对象，对组织学习能力与企业绩效之间的关系进行了实证研究。[④] 结果表明：组织学习能力对管理创新和技术创新产生显著的直接正面影响作用，并且通过管理创新和技术创新对企业绩效产生间接正面影响作用。杨水利等（2009）的实证研究结果表明制造业企业组织学习对动态能力影响显著且动态能力对企业绩效影响显著，组织学习对企业绩效直接影响较弱，动态能力中介作用

---

① 陈国权、周为：《领导行为、组织学习能力与组织绩效关系研究》，《科研管理》2009 年第 30 期。

② 李随成、杨婷：《知识共享与组织学习对供应链企业间研发合作绩效的影响研究》，《科技进步与对策》2009 年第 26 期。

③ Xu Jiang，Yuan Li . The relationship between organizational learning and firms' financial performance in strategic alliances：A contingency approach［J］. Journal of World Business ，2008（43）：365—379

④ 毛建军、武德昆、高俊山：《组织学习能力与企业绩效关系实证研究》，《北京科技大学学报》2008 年第 30 期。

明显。[①] 陈国权（2009）的实证研究表明企业家的领导行为通过组织学习能力对组织绩效产生影响；[②] 安智宇等（2009）从组织学习角度分析了人力资源管理对企业绩效的作用，认为人力资源管理可以通过推动企业的组织学习而起到提升企业绩效的目的。[③] 从以上研究基本可以得出一个结论：组织学习有利于提升组织绩效。然而，这些文献主要着眼于单个企业层面，对于战略联盟条件下的实证研究还很缺乏。Simonin（1997）在研究跨国战略联盟中的组织学习中发现，企业的联盟合作经历会有助于其联盟合作技能知识的增加，这种知识被企业用于后续的联盟合作将为其产生有形和无形的收益。[④] 这一研究在一定程度上说明联盟中的组织间学习对于各联盟企业绩效的正向影响。

如前所述，企业知识理论认为企业知识尤其是隐性知识体系是企业核心竞争力的基础，能够为企业带来长期、持续的竞争优势。而这种知识的获得一方面靠企业通过自我发展与积累而获得，另一方面则是从外部获取。战略联盟则是获取外部知识的一个很好的途径。在产学研联盟中，企业一方面可以获取联盟伙伴的知识与技能；另一方面通过与联盟伙伴的互动还可以创造新知识，为双方所共享；除此之外，在联盟合作中，企业还能够增长联盟合作经验，获得联盟设计与管理方面的知识与技能。综合以上内容，企业在产学研联盟中可以从联盟伙伴那里或者通过与联盟伙伴互动获得企业所需要的管理、营销、技术等方面的知识，这些知识将有助于其在管理、营销、生产、技术等方面形成较强的核心竞争力。而这些知识和能力最终将体现为组织绩效的持续改善与提升。因此，可以推测：

假设 H1：组织间学习与组织绩效正相关。

---

① 杨水利、李韬奋、党兴华、单欣：《组织学习动态能力与企业绩效之间关系的实证研究》，《运筹与管理》2009 年第 18 期。

② 陈国权、周为：《领导行为、组织学习能力与组织绩效关系研究》，《科研管理》2009 年第 30 期。

③ 安智宇、程金林：《人力资源管理对企业绩效影响的实证研究——组织学习视角的分析》，《管理工程学报》2009 年第 23 期。

④ Bernard L. Simonin. The importance of collaborative know—how: An empirical test of the learning organization. Academy of Management Journal, 1997, 40 (5): 1150—1174.

(四) 调节变量的作用

按照假设 H1，企业在产学研联盟中的组织间学习会导致组织绩效的改善与提升。但对于不同的企业、它所缔结的不同的联盟，这种改善与提升的程度是不同的。即：组织间学习与组织绩效的关系会受到特定联盟情境的影响。若要准确把握组织间学习与组织绩效的关系，需要弄清这些情境条件的作用。具体来说，主要有以下调节变量：联盟形式、联盟关系嵌入构型和联盟控制方式。

1. 联盟形式

从合作契约的不同内容来划分，产学研联盟主要有契约式和权益式联盟两种类型。其中，契约式联盟又表现为：科研开发合作（R&D）、技术合作、供应合作以及培训合作等具体形式；权益式战略联盟主要包括合资经营与相互持股两种形式。在不同形式的联盟中，组织间学习呈现的特征各不相同，因而对组织绩效的影响程度也有差异。Mowery（1996）发现对于复杂能力的传播与学习，权益式联盟更有效。[①] Child（2001）在将战略联盟与组织间合作其他形式进行比较分析时就提出：就从合作者处获取知识而言，股份合资企业比合同联盟更为有效，尤其当知识在性质上即复杂又模糊时。[②] Inkpen（1998）认为主要有两类因素会促进战略联盟中的组织学习：一是有利于伙伴间相互作用的因素；二是有利于知识整合的因素。在合资企业中伙伴间面对面交流的机会更多、合作更密切、相互间的信任与依赖程度更高，因而更容易产生高水平的组织间学习。[③] 从 Inkpen 的分析中可能看出，在权益式联盟中，伙伴间的组织间学习效果较好，尤其是更有利于隐性知识的获取与转移，而隐性知识是企业获取竞争优势与高绩效的基础。与权益式联盟相比，在契约式联盟中，由于是以契约为基

① Mowery, H. and Tallman, S. Control and performance in international joint ventures [J]. Organization Science, 1997, 8 (3): 257—274

② [德] 迈诺尔夫·迪尔克斯等:《组织学习与知识创新》，上海人民出版社 2001 年版，第 508 页。

③ Andrew C. Inkpen. Learning and knowledge acquisition through international strategic alliances. Academy of Management Executive, 1998, 12 (4): 69—79

础进行合作，联盟各方有明确的合作目标和合作项目，目标一旦完成联盟即可解散，双方在合作中虽有一定的显性知识的获取与共享，但由于相互联系交流不如权益式联盟那样紧密，隐性知识的传播与共享则相对有限。因此，可以推测：

假设 H2：组织间学习与组织绩效在权益式联盟中比契约式联盟呈更强程度的正相关关系。

2. 联盟关系嵌入构型

组织间网络理论认为，组织间关系网络是企业开展组织间学习的重要资源，网络能够让企业接触到信息、知识、物质资产等各种资源。产学研联盟作为组织间网络的一种类型，它是联盟各方信息流通的重要通道，能让企业接触到大学、科研机构所拥有的学科前沿信息与知识。所谓联盟关系嵌入构型是指在产学研联盟中，企业与大学、科研机构建立关系的程度不同所形成的不同关系类型。研究表明，当一个企业与外界具有多元化联系时，有助于其进行技术创新（Powell et al.，1996）。[①] 如果企业有必要的知识和能力去接触和获取知识，那么它在联盟中与大学、科研机构的联系将是它进行创新的重要网络资源。

Granovetter（1973）提出关系力量的概念，并根据关系嵌入程度将关系分为强关系和弱关系。[②] 在产学研联盟中，企业与大学、科研机构的关系嵌入构型也可以用强关系和弱关系来表示。在收集新信息和对新信息的组合方面，强关系和弱关系都将起到重要的作用，但作用的性质不同。其中，弱关系有助于传递编码知识，而强关系有助于复杂的、隐性知识的传递（Hansen，1999）。[③] 然而，技术性知识大多属于隐性知识的范畴，强关系有助于联盟各方彼此间增强信任，从而促进各方的知识共享，并以此

① Powell, W. Koput, K. Smith—Doerr, L. Inter—Organizational Collaboration and the Locus of Innovation: Networks of Learning in Biotechnology [J], Administrative Science Quarterly, 1996, 41 (1): 116—145.

② M. Granovetter. The strength of weak ties [J]. American Journal of Sociology, 1973, 78: 121—129.

③ Hansen, M. The Search—Transfer Problem: The Role of Weak Ties in Sharing Knowledge Across Organization Subunits [J]. Administrative Science Quarterly, 1999, 44 (1): 82—111.

为基础进行技术性知识的创造与创新，企业将这些知识吸纳过来，转化为新产品或新流程，从而为企业创造良好绩效。

因此，可以假设：

假设 H3：与弱关系相比，在强关系联盟中，组织间学习与组织绩效呈更强程度的正相关关系。

3. 联盟控制方式

联盟控制是为了规范和监督合作伙伴的行为从而实现联盟目标的管理行为。一般而言，联盟控制方式可以分为契约控制和社会控制，其中契约控制是指通过建立和利用正式的契约、程序和规则来规范合作双方的行为，并通过完善的监督和惩罚机制保证契约的顺利执行。社会控制则是通过建立共同的信念、目标和价值取向来引导联盟成员的行为，其核心是在合作过程中创造一种组织氛围或文化以实现联盟成员的自我控制，因此在社会控制的合作关系中，监控更多的是通过个人间的相互作用实现的。[①]

Teece（1998）认为由于知识资产难于定价，并且有价值的隐性知识的内容难于表达，因此知识转移很难通过由契约治理的市场交易来实现。[②] Larson（1992）、Uzzi（1997）提出在实现联盟成员间的学习与知识转移方面，社会控制具有更高的效率。[③] 在以契约控制为主的联盟中，双方严格按照契约约束双方的联盟合作行为，联盟中双方的学习行为也不例外。而与契约控制相比，社会控制更强调创造一种组织氛围或文化来减少控制的必要，共享价值观的形成有助于在合作学习过程中双方的深入互动与交流，从而更容易进行知识共享与知识创造。共享与创造的新知识应用于企业中能为企业带来绩效的改善与提升。

---

① 林向红、李垣、吴海滨：《组织间学习及其控制模式与企业创新关系的实证研究》，《现代管理科学》2008 年第 10 期。

② Teece D. J. Capturing value from knowledge assets：The new economy，markets for know—how and intangible assets [J]. California management Review，1998，40（3）：55—79.

③ Larson A. Network dyads in entrepreneurial settings：A study of the governance of exchange relationships [J]. Administrative Science Quarterly，1992，37（1）：76—104 UzziB. Social structure and competition in interfirm networks：The paradox of embeddedness [J]. Administrative Science Quarterly，1997，42（1）：37—69.

因此，可以推测：

假设 H4：与契约控制相比，在采用社会控制的联盟中，组织间学习与组织绩效呈更强程度的正相关关系。

二 研究方法

（一）样本与数据收集

本研究样本源于辽宁、河北、江苏、北京等省市企业。在大规模问卷调查前期，课题组对辽宁省锦州市企业发放 40 份问卷进行预调查并对问卷进行了修改。在正式调研中，本研究通过各种渠道向辽宁、河北、江苏、北京等省市企业共发放问卷 400 份，回收 248 份，其中有效问卷 216 份，有效率 87.1%。

（二）变量的测量

本研究对变量的测量均采用主观感知方法以 Likert 七级量表打分法为主，数字 1—7 依次表示从完全不符合（或不同意、低）向完全符合（或同意、高）过渡。各变量的具体测量方法如下：

1. 企业产学研联盟组织间学习测量

对于组织间学习变量测量，Lane 和 Lyles（2001）主要从知识获取角度进行了设计，包括新产品开发技术知识、新制造流程知识和新营销技术知识；[①] Dunning（1998）认为联盟企业成功与否要从三个方面来判断：合作方的创新成长能力、各方互动合作的范围与程度、产业层面的合作效果。[②] Simonin（2004）在研究跨国战略联盟知识转移效果的影响因素中，对于知识转移变量主要从技术知识的掌握与转化以及对伙伴的技术依赖程

---

① Lane, P. J., Salk, J. E. & Lyles, M. A. Absorptive capacity, learning and performance in international joint ventures. Strategic Management Journal, 2001, 22 (12): 1139—1161.

② Dunning, John H., Location and multinational enterprise: a neglected factor? Journal of International Business Studies, 1998, 29, 1.

度来衡量。①

综合以上学者的研究，本书对组织间学习变量的测量主要包括知识获取和技能提升两个方面。采用 Likert 七级打分法，设计了四个题项。具体内容如下：①从联盟伙伴那里，贵公司学到了伙伴独特的产品开发技术，贵公司的核心技术能力有了显著提升；②从联盟伙伴那里，贵公司学到了伙伴独特的产品制造流程，贵公司的核心制造能力有了显著提升；③从联盟伙伴那里，贵公司学到了伙伴独特的营销技术，贵公司的核心营销能力有了显著提升；④从联盟伙伴那里，贵公司学到了伙伴独特的管理经验，贵公司的核心战略管理能力有了显著提升。

2. 组织绩效测量

Dyer 和 Kale（2001）等人认为，联盟合作绩效的评估在企业层面包括长期联盟成功的管理评估和价值创造的股市测度两个方面。② 汤建影（2005）则从客观与主观两个层面对研发联盟企业间知识共享绩效展开考察，其客观绩效的测度指标主要包括：新产品的种类、产品利润增加幅度、产品生产成本降低幅度；主观绩效的测度指标主要包括：企业研发能力的提升、合作满意度、合作目标达成程度。③ Xu Jiang、Yuan Li（2008）的研究中主要关注的是战略联盟组织间学习对于财务绩效的影响，用销售额、利润、资产收益率和投资回报率四个项目来衡量财务绩效。④

综合以上学者的研究，本书对企业绩效变量的测量设计了八个项目，分别是：产品质量的改善、客户满意度、销售额、利润、市场份额、投资回报率、资产回报率、企业声誉。

---

① Bernard L Simonin. An empirical investigation of the process of knowledge transfer in international strategic alliances [J], Journal of International Business Studies, 2004, 35: 407—427

② Dyer J H, Kale, Singh H. How to make strategic alliances work. Sloan Management Review, 2001, 414: 37—43

③ 汤建影、黄瑞华：《研发联盟企业间知识共享影响因素的实证研究》，《预测》2005 年第 5 期。

④ Xu Jiang, Yuan Li . The relationship between organizational learning and firms' financial performance in strategic alliances: A contingency approach [J]. Journal of World Business , 2008 (43): 365 - 379

3. 调节变量测量

调节变量包括联盟形式、联盟关系嵌入构型和联盟控制方式。设计时参考了 Xu Jiang、Yuan Li (2008)[①]，龚毅、谢恩 (2005)[②] 的相关研究，其中联盟形式区分为权益式联盟和契约式联盟两种；将联盟形式设计为虚拟变量，编码 1 表示权益式联盟，编码 0 表示契约式联盟；

按照前面的理论分析，联盟关系嵌入构型可分为强关系和弱关系两种。参考 Nobel 和 Birkinshaw (1998)[③]，Rowley、Behrens 和 Krackhardt (2000)[④] 对于关系松散程度的测量，结合我国目前产学研联盟的具体情况，设计以下测量项目：请识别企业所组建的产学研联盟属于以下哪一种类型？(1) 高新技术科技园区；(2) 项目联合；(3) 联合共建研究中心与工程技术中心；(4) 企业附属研究院。(1) (2) 关系较松散，界定为弱关系，用编码 0 来表示；(3) (4) 关系较紧密，界定为强关系，用编码 1 来表示。

联盟控制方式是指在联盟中采用何种方式来规范和监督合作伙伴的行为，一般而言，表现为契约控制和社会控制两种方式。具体题项设计为：(1) 双方签订的合同；(2) 双方在合作中建立的共同价值观。设计联盟控制方式为虚拟变量，编码 1 表示契约控制方式，编码 0 表示社会控制方式。

(三) 研究方法与统计方法

本研究采用 SPSS15.0 和 AMOS7.0 统计软件对样本进行描述性统计，

---

① Xu Jiang, Yuan Li. The relationship between organizational learning and firms' financial performance in strategic alliances: A contingency approach [J]. Journal of World Business, 2008 (43): 365—379

② 龚毅、谢恩：《中外企业战略联盟知识转移效率的实证分析》，《科学学研究》2005 年第 8 期。

③ Nobel, R. Birkinshaw, J., Innovation in Multinational Corporations: Control and Communication Patterns in International R&D Operations [J]. Strategic Management Journal, 1998, 19 (5): 479—496.

④ Rowley, T. Behrens, D. Krackhardt, D.. Redundant Governance Structures: An Analysis of Structural and Relational Embeddedness in the Steel and Semiconductor Industries [J]. Strategic Management Journal, 2000, 21 (3): 369—386.

对各测量指标进行信度与效度检验，以结构方程模型分析进行相关假设的验证。结构方程模型分析有以下优势：一是本研究所提出的理论模型是一个路径模型，运用结构方程模型可以同时分析变量间的所有路径；二是结构方程模型可以同时检验测量模型和路径模型。因此，本研究采用此方法检验相关假设。

三　分析与结果

（一）信度检验

本研究采用 SPSS15.0 软件运行样本数据后，分别对组织间学习量表、组织绩效量表进行信度分析，得到以下结果，如表 5 - 1、表 5 - 2 所示。

表 5 - 1　**组织间学习分量表的信度检验**

题项	分项对总项的相关系数	删除该题项后的 α 系数	Cronbach's α
组织间学习			0.877
Q18	0.709	0.851	
Q19	0.789	0.820	
Q20	0.714	0.850	
Q21	0.726	0.845	

组织间学习分量表的 Cronbach's α 系数如表 5 - 1 所示。组织间学习分量表的总 Cronbach's α 系数为 0.877；分项对总项的相关系数处于 0.709— 0.789 之间，全部都在 0.7 以上，删除任何题项后的 Cronbach's α 系数也没有显著的提高。各项数据均符合相关标准要求。检验结果表明，组织间学习量表中各题项之间具有较高的内部一致性，信度比较好。

表 5 - 2　　**组织绩效分量表的信度检验**

题项	分项对总项的相关系数	删除该题项后的 α 系数	Cronbach's α
组织绩效			0.904
Q22	0.697	0.892	
Q23	0.547	0.906	
Q24	0.716	0.891	
Q25	0.731	0.889	
Q26	0.725	0.889	
Q27	0.779	0.885	
Q28	0.718	0.890	
Q29	0.671	0.894	

组织绩效分量表的 Cronbach's α 系数如表 5 - 2 所示。组织绩效分量表的总 Cronbach's α 系数为 0.904，分项对总项的相关系数全部都在 0.5 以上，删除任何题项后的 Cronbach's α 系数也没有显著的提高。各项数据均符合相关标准要求。检验结果表明，组织绩效量表中各题项之间具有较高的内部一致性，信度比较好。

（二）效度检验

1. 探索性因子分析

采用 SPSS15.0 软件运行样本数据，对各分量表进行探索性因子分析，结果如表 5 - 3 所示。数据显示，两个分量表的巴特利特球度检测统计观测值分别为 394.526、754.179，相应的概率 P 都为 0。如果显著水平 a 为 0.05，由于概率 p 小于显著性水平 a，应拒绝零假设，认为变量的相关系数矩阵与单位阵有显著差异，适宜作因子分析。同时，各分量表的 KMO 值均大于 0.7，根据 Kaiser 给出的 KMO 度量标准可知原有变量适合进行因子分析。

表5－3　各分量表的KMO和巴特利特球度检验结果

组织间学习分量表	KMO		0.702
	巴特利特球度检验	卡方值	394.526
		自由度	6
		显著性概率	0
组织绩效分量表	KMO		0.857
	巴特利特球度检验	卡方值	754.179
		自由度	28
		显著性概率	0

表5－4显示，组织间学习、组织绩效等变量都具有单维度的特点，各题项的因子载荷系数都大于0.5，表明问卷有较好的结构效度。

表5－4　各题项的因子载荷系数

变量	题项	因子载荷系数	特征值	累计方差贡献率（%）
组织间学习分量表				
组织间学习	Q18	0.838	2.919	72.978
	Q19	0.890		
	Q20	0.840		
	Q21	0.849		
组织绩效分量表				
组织绩效	Q22	0.772	4.840	60.495
	Q23	0.632		
	Q24	0.794		
	Q25	0.811		
	Q26	0.804		
	Q27	0.848		
	Q28	0.800		
	Q29	0.743		

2. 验证性因子分析

本研究采用AMOS7.0软件进行CFA分析。从表5－5可以看出，各分量表中各题项均没有负的误差变异量；标准化系数在 0.517—0.989 之间，标准化系数 <1；标准误差在 0.084—0.390，没有太大的标准误差存在。所以，可以进行进一步效度分析。

表 5 - 5　　　　各测量题项 CFA 模型的回归参数估计

题项←因子	标准化回归系数	估计值	标准误	临界比（C. R.）	显著性概率
Q18←组织间学习	0.848	1.000			
Q19←组织间学习	0.989	1.219	0.101	12.076	***
Q20←组织间学习	0.597	0.690	0.085	8.137	***
Q21←组织间学习	0.606	0.731	0.088	8.314	***
Q22←组织绩效	0.532	1.000			
Q23←组织绩效	0.758	1.206	0.190	6.330	***
Q24←组织绩效	0.821	1.420	0.217	6.535	***
Q25←组织绩效	0.814	1.518	0.231	6.567	***
Q26←组织绩效	0.830	1.439	0.219	6.582	***
Q27←组织绩效	0.733	1.361	0.219	6.212	***
Q28←组织绩效	0.618	1.076	0.169	6.374	***
Q29←组织绩效	0.663	1.226	0.206	5.945	***

注：* p < 0.05；** p < 0.01；*** p < 0.001。

在此基础上，对 CFA 模型的适配效果进行分析，检验各分量表的整体效度。

表 5 - 6 给出了各分量表 CFA 分析的整体模型适配度检验指标的统计值，其中，各分量表的显著性概率 p > 0.05，可以接受虚无假设，表示本研究所提出的理论模型与实际数据可以契合。各分量表的 X^2 自由度比 <2，GFI > 0.90，AGFI > 0.90，RMSEA < 0.06，IFI > 0.90，TLI > 0.90，CFI > 0.90，表明各适配指标值均达到模型可接受的标准。因此，各分量表的 CFA 模型与样本数据的适配情形良好，即模型的外在质量佳，测量模型具有较好的结构效度。

表 5－6　　各分量表 CFA 分析的整体模型适配度检验

分量表	χ^2	d. f.	p	X^2/d. f.	GFI
组织间学习	1. 288	1	0. 591	1. 288	0. 999
企业绩效	20. 453	15	0. 155	1. 364	0. 966
分量表	AGFI	RMSEA	IFI	TLI	CFI
组织间学习	0. 990	0. 000	1. 002	1. 011	1. 000
组织绩效	0. 919	0. 049	0. 993	0. 986	0. 993

（三）分析与假设检验

以前面所作的 CFA 分析为基础，本研究应用结构方程（SEM）来验证产学研联盟组织间学习与组织绩效关系的路径模型。根据前面的理论分析，组织间学习是自变量，组织绩效是因变量，联盟形式、联盟关系嵌入构型和联盟控制方式为调节变量。本研究运用 AMOS 软件分别对组织间学习与组织绩效关系以及各调节变量的作用加以分析与检验。温忠麟、侯杰泰、张雷（2005）认为，如果自变量为潜变量，调节变量为类别变量，可以作分组结构方程分析。若回归系数的差异显著，则调节效应显著。[①]具体操作及相关数据分析如下：

1. 组织间学习与组织绩效的结构方程分析

（1）初始 SEM 模型的建立

图 5—2 是组织间学习与组织绩效的初始结构方程模型的路径图。初始模型中共有 2 个潜变量和 12 个显变量，除了潜变量和显变量外，模型中还存在着 el—e13 共 13 个残差变量，它们的路径系数默认值为 1。

在 AMOS 软件中执行计算过程，得到初始 SEM 模型的适配度检验结果，如表 5－7 所示。从表 5－7 的结果看，大部分指标未达到模型可以适配的标准，表明初始模型与实际数据间无法契合，因而需要对初始 SEM 模型进行修正。

① 温忠麟、侯杰泰、张雷：《调节效应与中介效应的比较和应用》，《心理学报》2005 年第 37 期。

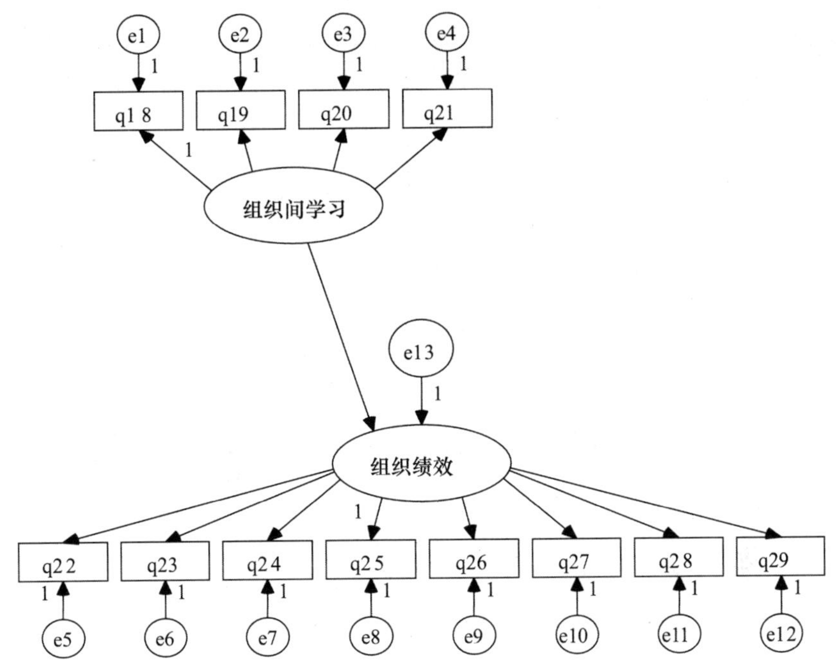

图5—2　组织间学习与组织绩效的初始结构模型路径图

表5－7　　组织间学习与组织绩效初始SEM模型分析的适配度检验

统计检验量	适配的标准或临界值	检验结果数据	模型适配判断
绝对适配度指数			
χ^2	p ＞ 0.05（未达显著水平）	252.475（p＝0.000＜0.05）	否
RMR值	＜0.05	0.183	否
RMSEA	＜0.05（适配良好）， ＜0.08（适配合理）	0.209	否
GFI	＞0.90以上	0.054	否
AGFI	＞0.90以上	0.491	否
增值适配度指数			
NFI	＞0.90以上	0.683	否
RFI	＞0.90以上	0.605	否
IFI	＞0.90以上	0.732	否
TLI	＞0.90以上	0.660	否
CFI	＞0.90以上	0.727	否

续表

统计检验量	适配的标准或临界值	检验结果数据	模型适配判断
简约适配度指数			
PGFI	>0.50 以上	0.444	否
PNFI	>0.50 以上	0.548	是
PCFI	>0.50 以上	0.584	是
χ^2自由度比（χ^2/d.f.）	<2	4.764	否
AIC 值	理论模型值小于独立模型值，且同时小于饱和模型值	302.475 > 156.000 302.475 < 820.032	否
CAIC 值	理论模型值小于独立模型值，且同时小于饱和模型值	389.122 < 426.341 389.122 < 861.623	是

（2）SEM 模型的修正

按照 Amos 给出的修正指标对模型进行修正并重新运行估计，修改模型中增加的残差间的协方差关系主要有：e11 <——> e13，e3 <——> e4，e8 <——> e11，e3 <——> e13，e4 <——> e12，e3 <——> e12，e7 <——> e8，e6 <——> e7，e7 <——> e13，e7 <——> e11。表 5-8 列出了修正后 SEM 模型的最终适配度检验结果。

表 5-8　**修正后组织间学习与组织绩效 SEM 分析的适配度检验**

统计检验量	适配的标准或临界值	检验结果数据	模型适配判断
绝对适配度指数			
χ^2	p > 0.05（未达显著水平）	80.730（p = 0.38 > 0.05）	是
RMR 值	<0.05	0.037	是
RMSEA 值	<0.05（适配良好）， <0.08（适配合理）	0.075	是
GFI 值	>0.90 以上	0.967	是
AGFI 值	>0.90 以上	0.959	是

续表

统计检验量	适配的标准或临界值	检验结果数据	模型适配判断
增值适配度指数			
NFI 值	>0.90 以上	0.989	是
RFI 值	>0.90 以上	0.944	是
IFI 值	>0.90 以上	0.950	是
TLI 值	>0.90 以上	0.921	是
CFI 值	>0.90 以上	0.948	是
简约适配度指数			
PGFI 值	>0.50 以上	0.478	否
PNFI 值	>0.50 以上	0.585	是
PCFI 值	>0.50 以上	0.618	是
χ^2 自由度比（χ^2/d. f.）	<2	1.877	是
AIC 值	理论模型值小于独立模型值，且同时小于饱和模型值	150.730 > 156.000 150.730 < 820.032	是
CAIC 值	理论模型值小于独立模型值，且同时小于饱和模型值	272.037 < 426.341 272.037 < 861.623	是

从表 5 - 8 可以看出，修正后的模型适配度统计量中，卡方值等于 80.730，显著性概率值 $p = 0.38 > 0.05$，接受虚无假设，假设理论模型与实际数据间可以契合。再从其他适配度指标来看，卡方自由度比值为 1.877 <2，RMSEA 值等于 0.075 <0.08，GFI 值等于 0.967 >0.90，AGFI 值等于 0.959 >0.90，NFI 值等于 0.989 >0.90，RFI 值等于 0.944 >0.90，IFI 值等于 0.950 >0.90，TLI 值等于 0.921 >0.90，CFI 值等于 0.948 > 0.90，均达到模型可以接受标准。整体而言，从主要适配度统计量来看，修正后模型与实际数据可以适配。

（3）研究假设的验证

表 5 - 9 给出了修正后 SEM 模型中组织间学习与组织绩效之间路径关系系数的标准化估计值、临界比（C. R.）以及路径关系系数的显著性检验结果。

表 5-9　　修正后 SEM 模型的回归参数估计（四）

路径	标准化回归系数	非标准化估计值	标准误	临界比（C. R.）	显著性概率
组织绩效←组织间学习	0.228	0.154	0.077	1.985	0.047

假设 H7 验证：如表 5-9 所示，组织间学习与组织绩效之间路径系数的标准化估计值为 0.228，非标准化估计值为 0.154，临界比（C. R.）为 1.985，显著性概率为 0.047 <0.05，路径系数在 0.05 显著性水平下显著，假设 H7 成立。这与前面的分析结果一致，即组织间学习与组织绩效正相关。

2. 联盟形式对组织间学习与组织绩效关系的影响

（1）权益式联盟中组织间学习与组织绩效关系的结构方程分析

初始 SEM 模型如图 5-2 所示，运用 AMOS 软件进行数据分析，权益式联盟编码为 1，样本数据中属于权益式联盟的样本量为 91，在 AMOS 软件中执行计算过程，得到初始 SEM 模型的适配度检验结果，见表 5-10。从表 5-10 的结果看，大部分指标未达到模型可以适配的标准，表明初始模型与实际数据间无法契合，因而需要对初始 SEM 模型进行修正。按照 Amos 给出的修正指标对模型进行修正并重新运行估计，修改模型中增加的残差间协方差关系主要有：e9 <——>e10，e11 <——>e13，e3 <——>e4，e1 <——>e5，e7 <——>e8，e1 <——>e7，e2 <——>e12，e7 <——>e10，修正后 SEM 模型的适配度检验结果如表 5-11 所示。

表 5-10　　**权益式联盟组织间学习与组织绩效初始 SEM 分析的适配度检验**

统计检验量	适配的标准或临界值	检验结果数据	模型适配判断
绝对适配度指数			
χ^2	p > 0.05（未达显著水平）	175.785（p =0.000 <0.05）	否
RMR 值	<0.05	0.169	否
RMSEA	<0.05（适配良好），<0.08（适配合理）	0.193	否
GFI	>0.90 以上	0.717	否
AGFI	>0.90 以上	0.583	否

续表

统计检验量	适配的标准或临界值	检验结果数据	模型适配判断
增值适配度指数			
NFI	>0.90 以上	0.707	否
RFI	>0.90 以上	0.635	否
IFI	>0.90 以上	0.776	否
TLI	>0.90 以上	0.714	否
CFI	>0.90 以上	0.770	否
简约适配度指数			
PGFI	>0.50 以上	0.487	否
PNFI	>0.50 以上	0.568	是
PCFI	>0.50 以上	0.619	是
χ^2 自由度比（χ^2/d. f.）	<2	3.317	否
AIC 值	理论模型值小于独立模型值，且同时小于饱和模型值	225.785 >156.000 225.785 <624.404	否
CAIC 值	理论模型值小于独立模型值，且同时小于饱和模型值	304.363 <401.165 304.363 <662.121	是

从表5－11可以看出，修正后的模型适配度统计量中，卡方值等于52.281，显著性概率值 $p=0.212>0.05$，接受虚无假设，假设理论模型与实际数据间可以契合。绝对适配度指数、简约适配度指数和增值适配度指数中大部分指标都达到模型可以接受的标准。因此，从主要适配度统计量来看，修正后模型与实际数据可以适配。

表5－11　**修正后权益式联盟组织间学习与组织绩效 SEM 分析的适配度检验**

统计检验量	适配的标准或临界值	检验结果数据	模型适配判断
绝对适配度指数			
χ^2	$p>0.05$（未达显著水平）	52.281（$p=0.212>0.05$）	是
RMR 值	<0.05	0.108	否
RMSEA	<0.05（适配良好）， <0.08（适配合理）	0.051	是
GFI	>0.90 以上	0.893	否
AGFI	>0.90 以上	0.914	是

续表

统计检验量	适配的标准或临界值	检验结果数据	模型适配判断
增值适配度指数			
NFI	>0.90 以上	0.913	是
RFI	>0.90 以上	0.872	否
IFI	>0.90 以上	0.987	是
TLI	>0.90 以上	0.980	是
CFI	>0.90 以上	0.986	是
简约适配度指数			
PGFI	>0.50 以上	0.515	是
PNFI	>0.50 以上	0.622	是
PCFI	>0.50 以上	0.673	是
χ^2自由度比（χ^2/d. f.）	<2	1.162	是
AIC 值	理论模型值小于独立模型值，且同时小于饱和模型值	118.281 <156.000 118.281 <624.404	否
CAIC 值	理论模型值小于独立模型值，且同时小于饱和模型值	222.004 <401.165 222.004 <662.121	是

（2）契约式联盟中组织间学习与组织绩效关系的结构方程分析

初始 SEM 模型如图 5—2 所示，运用 AMOS 软件进行数据分析，契约式联盟编码为 0，样本数据中属于契约式联盟的样本量为 125，在 AMOS 软件中执行计算过程，得到初始 SEM 模型的适配度检验结果，见表 5－12。从表 5－12 的结果看，大部分指标未达到模型可以适配的标准，表明初始模型与实际数据间无法契合，因而需要对初始 SEM 模型进行修正。按照 Amos 给出的修正指标对模型进行修正并重新运行估计，修改模型中增加的残差间协方差关系主要有：e11 <——>e13，e3 <——>e4，e1 <——>e5，e8 <——> e11，e3 <——> e13，e7 <——> e13，e4 <——> e10，e6 <——>e7，e7 <——>e11，e10 <——>e13，修正后 SEM 模型的适配度检验结果如表 5－13 所示。

表 5－12　契约式联盟组织间学习与组织绩效初始 SEM 分析的适配度检验

统计检验量	适配的标准或临界值	检验结果数据	模型适配判断
绝对适配度指数			
χ^2	p ＞ 0.05（未达显著水平）	252.475（p ＝ 0.000 ＜ 0.05）	否
RMR 值	＜0.05	0.183	否
RMSEA	＜0.05（适配良好），＜0.08（适配合理）	0.209	否
GFI	＞0.90 以上	0.654	否
AGFI	＞0.90 以上	0.491	否
增值适配度指数			
NFI	＞0.90 以上	0.683	否
RFI	＞0.90 以上	0.605	否
IFI	＞0.90 以上	0.732	否
TLI	＞0.90 以上	0.660	否
CFI	＞0.90 以上	0.727	否
简约适配度指数			
PGFI	＞0.50 以上	0.444	否
PNFI	＞0.50 以上	0.548	是
PCFI	＞0.50 以上	0.584	是
χ^2 自由度比（χ^2/d.f.）	＜2	4.764	否
AIC 值	理论模型值小于独立模型值，且同时小于饱和模型值	302.475＞156.000 302.475＜820.032	否
CAIC 值	理论模型值小于独立模型值，且同时小于饱和模型值	389.122＜426.341 389.122＜861.623	是

从表 5－13 可以看出，修正后的模型适配度统计量中，卡方值等于 72.769，显著性概率值 p＝0.103 ＞ 0.05，接受虚无假设，假设理论模型与实际数据间可以契合。绝对适配度指数、简约适配度指数和增值适配度指数中大部分指标都达到模型可以接受的标准。因此，从主要适配度统计量来看，修正后模型与实际数据可以适配。

表 5-13　修正后契约式联盟组织间学习与组织绩效 SEM 分析的适配度检验

统计检验量	适配的标准或临界值	检验结果数据	模型适配判断
绝对适配度指数			
χ^2	p > 0.05（未达显著水平）	72.769（p = 0.103 > 0.05）	是
RMR 值	<0.05	0.017	是
RMSEA	<0.05（适配良好）， <0.08（适配合理）	0.080	是
GFI	>0.90 以上	0.989	是
AGFI	>0.90 以上	0.899	否
增值适配度指数			
NFI	>0.90 以上	0.909	是
RFI	>0.90 以上	0.860	否
IFI	>0.90 以上	0.960	是
TLI	>0.90 以上	0.937	是
CFI	>0.90 以上	0.959	是
简约适配度指数			
PGFI	>0.50 以上	0.490	否
PNFI	>0.50 以上	0.592	是
PCFI	>0.50 以上	0.625	是
χ^2 自由度比（χ^2/d.f.）	<2	1.692	是
AIC 值	理论模型值小于独立模型值，且同时小于饱和模型值	142.769 <156.000 142.769 <624.404	是
CAIC 值	理论模型值小于独立模型值，且同时小于饱和模型值	264.076 <401.165 264.076 <662.121	是

（3）研究假设的验证

表 5-14 给出了权益式联盟和契约式联盟中修正后 SEM 模型中组织间学习与组织绩效之间路径关系系数的标准化估计值、临界比（C. R.）以及路径关系系数的显著性检验结果。

表 5-14　　修正后 SEM 模型的回归参数估计（五）

联盟形式	路　径	样本量	标准化回归系数
权益式联盟	组织绩效←组织间学习	91	0.359 **
契约式联盟	组织绩效←组织间学习	125	0.244 *

说明：+ $p<0.1$；* $p<0.05$；** $p<0.01$；*** $p<0.001$。

假设 H2 验证：如表 5-14 所示，权益式联盟中组织间学习与组织绩效之间路径系数的标准化估计值为 0.359，在 0.01 显著性水平下显著；契约式联盟中组织间学习与组织绩效之间路径系数的标准化估计值为 0.244，在 0.05 显著性水平下显著。这意味着与契约式联盟相比，在权益式联盟中组织间学习与组织绩效的关系更显著。假设 H2 成立。这与前面的分析结果一致，即组织间学习与组织绩效在权益式联盟中比契约式联盟呈更强程度的正相关关系。

3. 联盟关系嵌入构型对组织间学习与组织绩效关系的影响

如前所述，本研究将强关系编码为 1，弱关系编码为 0；下面具体分析不同嵌入构型对于组织间学习与组织绩效关系的影响。

（1）强关系联盟中组织间学习与组织绩效关系的结构方程分析

初始 SEM 模型如图 5-2 所示，运用 AMOS 软件进行数据分析，强关系编码为 1 ，样本量为 56，经过 Amos Graphics 的第一次 Calculate Estimates 计算过程，得到 SEM 模型估计的各项拟合优度指标，见表 5-15。从表 5-15 的结果看，大部分指标未达到模型可以适配的标准，表明初始模型与实际数据间无法契合，因而需要对初始 SEM 模型进行修正。按照 Amos 给出的修正指标对模型进行修正并重新运行估计，修改模型中增加的残差间协方差关系主要有：e11 <——> e13，e1 <——> e13，e1 <——> e8，e3 <——> e4，e4 <——> e12，修正后 SEM 模型的适配度检验结果如表 5-16 所示。

表 5 - 15　强关系联盟组织间学习与组织绩效初始 SEM 分析的适配度检验

统计检验量	适配的标准或临界值	检验结果数据	模型适配判断
绝对适配度指数			
χ^2	p > 0.05（未达显著水平）	138.199（p = 0.000 < 0.05）	否
RMR 值	<0.05	0.209	否
RMSEA	<0.05（适配良好），<0.08（适配合理）	0.203	否
GFI	>0.90 以上	0.633	否
AGFI	>0.90 以上	0.470	否
增值适配度指数			
NFI	>0.90 以上	0.668	否
RFI	>0.90 以上	0.594	否
IFI	>0.90 以上	0.767	否
TLI	>0.90 以上	0.706	否
CFI	>0.90 以上	0.759	否
简约适配度指数			
PGFI	>0.50 以上	0.438	否
PNFI	>0.50 以上	0.546	是
PCFI	>0.50 以上	0.621	是
χ^2自由度比（χ^2/d.f.）	<2	2.559	否
AIC 值	理论模型值小于独立模型值，且同时小于饱和模型值	186.199 >156.000 186.199 <439.646	否
CAIC 值	理论模型值小于独立模型值，且同时小于饱和模型值	250.125 <363.758 250.125 <471.609	是

从表 5 - 16 可以看出，修正后的模型适配度统计量中，卡方值等于 78.849，显著性概率值 p = 0.053 > 0.05，接受虚无假设，假设理论模型与实际数据间可以契合。绝对适配度指数、简约适配度指数和增值适配度指数中大部分指标都达到模型可以接受的标准。因此，从主要适配度统计量来看，修正后模型与实际数据可以适配。

表5-16　**修正后强关系联盟中组织间学习与组织绩效SEM分析的适配度检验**

统计检验量	适配的标准或临界值	检验结果数据	模型适配判断
绝对适配度指数			
χ^2	p > 0.05（未达显著水平）	78.849（p = 0.053 > 0.05）	是
RMR值	<0.05	0.039	是
RMSEA	<0.05（适配良好），<0.08（适配合理）	0.078	是
GFI	>0.90以上	0.945	是
AGFI	>0.90以上	0.985	是
增值适配度指数			
NFI	>0.90以上	0.910	是
RFI	>0.90以上	0.939	是
IFI	>0.90以上	0.916	是
TLI	>0.90以上	0.979	是
CFI	>0.90以上	0.912	是
简约适配度指数			
PGFI	>0.50以上	0.458	否
PNFI	>0.50以上	0.589	是
PCFI	>0.50以上	0.663	是
χ^2自由度比（χ^2/d.f.）	<2	1.643	是
AIC值	理论模型值小于独立模型值，且同时小于饱和模型值	138.849<156.000 138.849<439.646	是
CAIC值	理论模型值小于独立模型值，且同时小于饱和模型值	218.756<363.758 218.756<471.609	是

（2）弱关系联盟中组织间学习与组织绩效关系的结构方程分析

初始SEM模型如图5-2所示，运用AMOS软件进行数据分析，弱关系编码为0，样本量为160，经过Amos Graphics的第一次Calculate Estimates计算过程，得到SEM模型估计的各项拟合优度指标，见表5-17。从表5-17的结果看，大部分指标未达到模型可以适配的标准，表明初始模型与实际数据间无法契合，因而需要对初始SEM模型进行修正。按照

Amos 给出的修正指标对模型进行修正并重新运行估计，修改模型中增加的残差间协方差关系主要有：e11 <——>e13，e3 <——>e4，e9 <——>e10，e8 <——> e11，e2 <——> e6，e3 <——> e13，e5 <——> e11，e3 <——>e10，e9 <——>e11，修正后 SEM 模型的适配度检验结果如表 5－18 所示。

表 5－17　**弱关系联盟组织间学习与组织绩效初始 SEM 分析的适配度检验**

统计检验量	适配的标准或临界值	检验结果数据	模型适配判断
绝对适配度指数			
χ^2	$p > 0.05$（未达显著水平）	324.173（$p = 0.000 < 0.05$）	否
RMR 值	<0.05	0.373	否
RMSEA	<0.05（适配良好），<0.08（适配合理）	0.213	否
GFI	>0.90 以上	0.717	否
AGFI	>0.90 以上	0.591	否
增值适配度指数			
NFI	>0.90 以上	0.665	否
RFI	>0.90 以上	0.591	否
IFI	>0.90 以上	0.705	否
TLI	>0.90 以上	0.634	否
CFI	>0.90 以上	0.701	否
简约适配度指数			
PGFI	>0.50 以上	0.496	否
PNFI	>0.50 以上	0.544	是
PCFI	>0.50 以上	0.573	是
χ^2自由度比（χ^2/d.f.）	<2	6.013	否
AIC 值	理论模型值小于独立模型值，且同时小于饱和模型值	372.713 >156.000 372.713 <994.120	否
CAIC 值	理论模型值小于独立模型值，且同时小于饱和模型值	461.742 >445.343 461.742 <1038.635	否

从表 5 - 18 可以看出，修正后的模型适配度统计量中，卡方值等于 64.716，显著性概率值 $p = 0.072 > 0.05$，接受虚无假设，假设理论模型与实际数据间可以契合。绝对适配度指数、简约适配度指数和增值适配度指数中大部分指标都达到模型可以接受标准。因此，从主要适配度统计量来看，修正后模型与实际数据可以适配。

表 5 - 18　修正后弱关系联盟的组织间学习与组织绩效 SEM 分析的适配度检验

统计检验量	适配的标准或临界值	检验结果数据	模型适配判断
绝对适配度指数			
χ^2	p > 0.05（未达显著水平）	64.716（p = 0.072 > 0.05）	是
RMR 值	<0.05	0.166	否
RMSEA	<0.05（适配良好），<0.08（适配合理）	0.065	是
GFI	>0.90 以上	0.916	是
AGFI	>0.90 以上	0.852	否
增值适配度指数			
NFI	>0.90 以上	0.933	是
RFI	>0.90 以上	0.900	是
IFI	>0.90 以上	0.978	是
TLI	>0.90 以上	0.966	是
CFI	>0.90 以上	0.977	是
简约适配度指数			
PGFI	>0.50 以上	0.517	是
PNFI	>0.50 以上	0.622	是
PCFI	>0.50 以上	0.651	是
χ^2 自由度比（χ^2/d.f.）	<2	1.471	是
AIC 值	理论模型值小于独立模型值，且同时小于饱和模型值	132.716 <156.000 132.716 <994.120	是
CAIC 值	理论模型值小于独立模型值，且同时小于饱和模型值	258.840 <445.343 258.840 <1038.635	是

（3）研究假设的验证

表5-19给出了强关系和弱关系修正后SEM模型中组织间学习与组织绩效之间路径关系系数的标准化估计值、临界比（C. R.）以及路径关系系数的显著性检验结果。

表5-19　修正后SEM模型的回归参数估计（六）

联盟关系嵌入构型	路径	样本量	标准化回归系数
强关系	组织绩效←组织间学习	56	0.603***
弱关系	组织绩效←组织间学习	160	0.262*

说明：$^{+}p<0.1$；$^{*}p<0.05$；$^{**}p<0.01$；$^{***}p<0.001$。

假设H3验证：如表5-19所示，强关系的联盟中组织间学习与组织绩效之间路径系数的标准化估计值为0.603，在0.001显著性水平下显著；弱关系的联盟中组织间学习与组织绩效之间路径系数的标准化估计值为0.262，在0.05显著性水平下显著。这意味着与弱关系联盟相比，在强关系联盟中组织间学习与组织绩效的关系更显著。假设H3成立。这与前面的分析结果一致，即与弱关系相比，在强关系联盟中组织间学习与组织绩效呈更强程度的正相关关系。

4. 联盟控制方式对组织间学习与组织绩效关系的影响

（1）契约控制联盟中组织间学习与组织绩效关系的结构方程分析

初始SEM模型如图5-2所示，运用AMOS软件进行数据分析，契约控制联盟编码为1，样本量为156，经过Amos Graphics的第一次Calculate Estimates计算过程，得到SEM模型估计的各项拟合优度指标，见表5-20。从表5-20的结果看，大部分指标未达到模型可以适配的标准，表明初始模型与实际数据间无法契合，因而需要对初始SEM模型进行修正。按照Amos给出的修正指标对模型进行修正并重新运行估计，修改模型中增加的残差间协方差关系主要有：e11 <——> e13，e3 <——> e4，e8 <——> e11，e3 <——> e13，e9 <——> e10，e1 <——> e6，e3 <——> e6，e4 <——> e12，e3 <——> e12，e10 <——> e11， e7 <——> e13，e3 <——> e10，e6 <——> e8，修正后 SEM 模型的适配度检验结果如表 5－21 所示。

表 5－20　**契约控制联盟组织间学习与组织绩效初始 SEM 分析的适配度检验**

统计检验量	适配的标准或临界值	检验结果数据	模型适配判断
绝对适配度指数			
χ^2	p > 0.05（未达显著水平）	290.003（p = 0.000 < 0.05）	否
RMR 值	<0.05	0.202	否
RMSEA	<0.05（适配良好），<0.08（适配合理）	0.203	否
GFI	>0.90 以上	0.696	否
AGFI	>0.90 以上	0.552	否
增值适配度指数			
NFI	>0.90 以上	0.696	否
RFI	>0.90 以上	0.622	否
IFI	>0.90 以上	0.737	否
TLI	>0.90 以上	0.668	否
CFI	>0.90 以上	0.733	否
简约适配度指数			
PGFI	>0.50 以上	0.473	否
PNFI	>0.50 以上	0.559	是
PCFI	>0.50 以上	0.589	是
χ^2 自由度比（χ^2/d.f.）	<2	5.472	否
AIC 值	理论模型值小于独立模型值，且同时小于饱和模型值	340.003 > 156.000 340.003 < 978.783	否
CAIC 值	理论模型值小于独立模型值，且同时小于饱和模型值	432.286 < 443.925 432.286 < 1023.080	是

表5-21 修正后契约控制组织间学习与组织绩效SEM分析的适配度检验

统计检验量	适配的标准或临界值	检验结果数据	模型适配判断
绝对适配度指数			
χ^2	p > 0.05（未达显著水平）	71.758（p = 0.082 > 0.05）	是
RMR值	<0.05	0.026	是
RMSEA	<0.05（适配良好），<0.08（适配合理）	0.08	是
GFI	>0.90以上	0.903	是
AGFI	>0.90以上	0.810	否
增值适配度指数			
NFI	>0.90以上	0.925	是
RFI	>0.90以上	0.876	否
IFI	>0.90以上	0.965	是
TLI	>0.90以上	0.941	是
CFI	>0.90以上	0.964	是
简约适配度指数			
PGFI	>0.50以上	0.463	否
PNFI	>0.50以上	0.561	是
PCFI	>0.50以上	0.584	是
χ^2自由度比（χ^2/d.f.）	<2	1.794	是
AIC值	理论模型值小于独立模型值，且同时小于饱和模型值	147.758<156.000 147.758<978.783	是
CAIC值	理论模型值小于独立模型值，且同时小于饱和模型值	288.030<443.925 288.030<1023.080	是

从表5-21可以看出，修正后的模型适配度统计量中，卡方值等于71.758，显著性概率值p=0.082 > 0.05，接受虚无假设，假设理论模型与实际数据间可以契合。绝对适配度指数、简约适配度指数和增值适配度指数中大部分指标都达到模型可以接受的标准。因此，从主要适配度统计量来看，修正后模型与实际数据可以适配。

（2）社会控制联盟中组织间学习与组织绩效关系的结构方程分析

初始 SEM 模型如图 5—2 所示，运用 AMOS 软件进行数据分析，社会控制联盟编码为 0，样本量为 60，经过 Amos Graphics 的第一次 Calculate Estimates 计算过程，得到 SEM 模型估计的各项拟合优度指标，见表 5－22。从表 5－22 的结果看，大部分指标未达到模型可以适配的标准，表明初始模型与实际数据间无法契合，因而需要对初始 SEM 模型进行修正。按照 Amos 给出的修正指标对模型进行修正并重新运行估计，修改模型中增加的残差间协方差关系主要有：e1 <——> e2，e11 <——> e13，e1 <——> e12，e9 <——> e10，e6 <——> e11，e1 <——> e8，e6 <——> e8，e1 <——> e5，e9 <——> e11，修正后 SEM 模型的适配度检验结果如表 5－23 所示。

表 5－22　**社会控制联盟中组织间学习与组织绩效初始 SEM 分析的适配度检验**

统计检验量	适配的标准或临界值	检验结果数据	模型适配判断
绝对适配度指数			
χ^2	p ＞ 0.05（未达显著水平）	142.621（p ＝ 0.000 ＜ 0.05）	否
RMR 值	＜0.05	0.160	否
RMSEA	＜0.05（适配良好），＜0.08（适配合理）	0.206	否
GFI	＞0.90 以上	0.702	否
AGFI	＞0.90 以上	0.562	否
增值适配度指数			
NFI	＞0.90 以上	0.691	否
RFI	＞0.90 以上	0.616	否
IFI	＞0.90 以上	0.781	否
TLI	＞0.90 以上	0.718	否
CFI	＞0.90 以上	0.774	否
简约适配度指数			
PGFI	＞0.50 以上	0.477	否
PNFI	＞0.50 以上	0.555	是
PCFI	＞0.50 以上	0.621	是

续表

统计检验量	适配的标准或临界值	检验结果数据	模型适配判断
简约适配度指数			
χ^2自由度比（χ^2/d. f.）	<2	2. 691	否
AIC 值	理论模型值小于独立模型值，且同时小于饱和模型值	192. 621 >156. 000 192. 621 <486. 274	否
CAIC 值	理论模型值小于独立模型值，且同时小于饱和模型值	260. 460 <367. 659 260. 460 <518. 837	是

从表 5 –23 可以看出，修正后的模型适配度统计量中，卡方值等于 50. 366，显著性概率值 $p = 0.236 > 0.05$，接受虚无假设，假设理论模型与实际数据间可以契合。绝对适配度指数、简约适配度指数和增值适配度指数中大部分指标都达到模型可以接受标准。因此，从主要适配度统计量来看，修正后模型与实际数据可以适配。

表 5 –23　修正后社会控制联盟中组织间学习与组织绩效 SEM 分析的适配度检验

统计检验量	适配的标准或临界值	检验结果数据	模型适配判断
绝对适配度指数			
χ^2	p > 0. 05（未达显著水平）	50. 366（p = 0. 236 > 0. 05）	是
RMR 值	<0. 05	0. 041	是
RMSEA	<0. 05（适配良好）， <0. 08（适配合理）	0. 060	是
GFI	>0. 90 以上	0. 846	否
AGFI	>0. 90 以上	0. 927	是
增值适配度指数			
NFI	>0. 90 以上	0. 891	否
RFI	>0. 90 以上	0. 937	是
IFI	>0. 90 以上	0. 985	是
TLI	>0. 90 以上	0. 976	是
CFI	>0. 90 以上	0. 984	是

续表

统计检验量	适配的标准或临界值	检验结果数据	模型适配判断
简约适配度指数			
PGFI	>0.50 以上	0.477	否
PNFI	>0.50 以上	0.594	是
PCFI	>0.50 以上	0.656	是
X^2自由度比（X^2/d.f.）	<2	1.145	是
AIC 值	理论模型值小于独立模型值，且同时小于饱和模型值	118.366<156.000 118.366<486.274	是
CAIC 值	理论模型值小于独立模型值，且同时小于饱和模型值	210.627<367.659 260.460<518.837	是

（3）研究假设的验证

表5-24给出了契约控制和社会控制修正后SEM模型中组织间学习与组织绩效之间路径关系系数的标准化估计值及其显著性检验结果。

表5-24　**修正后SEM模型的回归参数估计（七）**

联盟控制方式	路径	样本量	标准化回归系数
契约控制	组织绩效←组织间学习	156	0.220*
社会控制	组织绩效←组织间学习	60	0.481***

说明：+ $p<0.1$；* $p<0.05$；** $p<0.01$；*** $p<0.001$。

假设H4验证：如表5-24所示，契约联盟中组织间学习与组织绩效之间路径系数的标准化估计值为0.220，在0.05显著性水平下显著；社会控制联盟中组织间学习与组织绩效之间路径系数的标准化估计值为0.481，在0.001显著性水平下显著。这意味着与契约控制联盟相比，在社会控制联盟中组织间学习与组织绩效的关系更显著。假设H11成立。这与前面的分析结果一致，即与契约控制相比，在采用社会控制的联盟中，组织间学习与组织绩效呈更强程度的正相关关系。

5. 假设检验小结

企业产学研联盟组织间学习与组织绩效关系理论模型的整体检验结果如表5－25所示。

表5－25 企业产学研联盟组织间学习与组织绩效关系的整体检验结果

假设	内　　容	检验结果
H1	组织间学习与组织绩效正相关	支持
H2	组织间学习与组织绩效在权益式联盟中比契约式联盟呈更强程度的正相关关系。	支持
H3	与弱关系相比，在强关系联盟中组织间学习与组织绩效呈更强程度的正相关关系。	支持
H4	与契约控制相比，在采用社会控制的联盟中，组织间学习与组织绩效呈更强程度的正相关关系。	支持

6. 实证分析结果与讨论

（1）组织间学习与组织绩效关系

实证分析结果表明：在产学研联盟中，企业的组织间学习与组织绩效具有显著的正相关关系。以往的研究关注较多的是单一企业的组织学习与组织绩效的关系，而本研究的这一结果则在产学研联盟层面上得到一定的进展。企业与联盟伙伴借助产学研联盟这一平台，能够进行知识的互动与交流。从企业自身而言，可以触及联盟伙伴的知识与技能，并通过与联盟伙伴的互动产生新知识。这些知识与技能如果能为企业有效利用，转化成自身的知识，储存于知识库中，就能为组织上下所共享，并转化为企业的新的产品或服务，企业无论是在有形资产上还是在无形资产上都得到积累与提升，最终的结果是总体绩效得到改善和显著提高。

（2）各调节变量对组织间学习与组织绩效关系的影响比较

正如前面文献综述与理论分析中所提到的，国内外学者的研究认为组织间学习与组织绩效的关系还会受到其他因素的影响，诸如：联盟的形式、联盟的控制方式等。也就是说，虽然在产学研联盟中，组织间学习会带来组织绩效的改善与提升，但不同性质的联盟会导致这种关系的程度有所不同。因此，本研究在理论模型中假设：联盟形式、联盟关系嵌入构型以及联盟控制方式会对组织间学习与组织绩效的关系产生影响。

①联盟形式

从合作契约的不同内容来划分，产学研联盟主要有契约式和权益式联盟两种类型。其中，契约式战略联盟又表现为：科研开发合作（R&D）、销售合作、技术合作、供应合作以及培训合作等具体形式；权益式联盟主要包括合资经营与相互持股两种形式。本研究的理论假设认为与契约式联盟相比，在权益式联盟中，组织间学习与组织绩效呈更强程度的正相关关系。假设检验结果证实了这一观点。各种联盟形式的性质与特点比较如表5－26所示，可以看出，在权益式联盟中，无论是合资经营还是相互持股，联盟双方联系较紧密，在共同经营与决策过程中易产生信任，有利于进行组织间学习，尤其便于隐性知识的获取与转移，为了共同的目标各方都希望提升组织间学习的效率与效果，从而产生较好的组织绩效。而在契约式联盟中，在合同中明确规定合作项目与合作目标，相互间的交流一般仅限于此，其他的互动交流则较少。因此，虽然也有一定的知识获取和共享，但更多的是显性知识，隐性知识较少，更谈不上在此基础上的知识创造了。与权益式联盟相比，组织绩效的提升程度是有限的。

表5－26 **各种联盟形式的性质与特点**

联盟形式		性质	特点
权益式联盟	合资经营	共同出资、共享收益、共担风险	联盟伙伴间联系紧密，成员之间可以长期、深入接触，进行全方面、多层次的互动交流
	相互持股	联盟企业互相持有对方一定股份	联盟伙伴间联系介于合资经营与契约式联盟之间，各成员间往往存在资源或能力不对等现象
契约式联盟		以契约为基础进行合作，如合作研发、生产、销售等	联盟各方有明确的合作目标和合作项目，目标一旦完成联盟即可解散

②联盟关系嵌入构型

从组织间网络视角，本书提出产学研联盟的关系嵌入构型会影响组织间学习与组织绩效的关系。实证结果表明，与弱关系相比，强关系有利于组织间学习产生更好的组织绩效。强关系使企业能够充分接触联盟平台的共享知识并有利于获取，知识内化到企业后用于开发新产品或设计新流程，从而创造良好的组织绩效。为了达成组织间学习目标，企业在组建产学研联盟中，要选择嵌入性程度高的联盟形式。在四种主要的联盟形式中，联合共建研究中心、企业附属研究院是两种最佳选择。

③联盟控制方式

联盟控制方式一般可以分为契约控制和社会控制，本研究的理论假设是：与契约控制相比，在采用社会控制的联盟中，组织间学习与组织绩效呈更强程度的正相关关系。检验结果支持这一假设。在采用契约控制方式的联盟中，双方在合作中会以契约中规定的目标为指导展开各项活动，除此之外的交流和互动则较少。另外，企业在与联盟伙伴签订契约时对其所拥有的知识与技能并不完全了解，因此难以在初始契约中明确界定有关事项。而且有关的知识或技能越新，初始契约的不完备性就越高。与此同时，在强调契约控制的联盟中，合作双方对联盟风险的防范意识都比较高，因此在合作过程中双方都注重对自身关键资源和核心技术的保护。因此，以契约控制为主的联盟不利于企业的知识共享尤其是隐性知识的共享乃至知识创造。相反，在以社会控制为主的联盟中，双方形成了共同的价值观来指导它们的联盟活动。以共同的价值观为基础，双方会产生更深入的互动与交流，从而有利于产生良好的组织间学习效果，有助于组织绩效的提升。

四　本章小结

本章采用结构方程分析方法对产学研联盟组织间学习与组织绩效关系的研究假设进行了验证与分析。分析结果表明：组织间学习与组织绩效存在正相关关系；不同的联盟形式、联盟关系嵌入构型、联盟控制方式对组织间学习与组织绩效关系的影响具有显著的差异，验证了联盟形式等变量对组织间学习与组织绩效关系的调节作用。

第六章　研究结论与展望

本书的前面五章已经对企业产学研联盟组织间学习进行了较为系统的探讨和研究。本章是对全书的总结，阐明了本书的主要研究结论，分析了本研究对我国企业的启示并提出建议，同时也对本研究中存在的一些局限进行说明，并在此基础上指出未来可能的研究方向。

一　研究成果与结论

本书在文献检索的基础上，结合产学研联盟理论与组织学习理论的最新研究进展，提出企业产学研联盟组织间学习影响因素及组织间学习与组织绩效关系的理论模型。其中，将企业产学研联盟组织间学习影响因素具体细分成企业本身因素、知识属性因素和组织间情境因素三个方面，对这些变量如何影响组织间学习的效果，以及各变量之间的关系作了符合理论逻辑的假设。关于组织间学习与组织绩效关系，组织间学习是自变量，组织绩效是因变量，联盟形式、联盟关系嵌入构型、联盟控制方式是调节变量。以理论分析为依据进行问卷设计，采用现场发放与网络调查等方式共发放 400 份问卷，回收有效问卷 216 份。对回收的 216 份有效问卷所获得的数据进行统计分析和结构方程建模，系统分析了产学研联盟组织间学习的影响因素以及组织间学习与组织绩效的关系。总结全文，可以得出以下几点研究结论：

（一）企业本身因素是产学研联盟组织间学习的正向显著影响因素

企业本身因素包括企业学习动机和学习能力两个方面。其中，企业学习动机是开展产学研联盟组织间学习的有效前提条件，而企业学习能力是影响产学研联盟组织间学习的最重要因素。

从第四章的实证分析结果可以看出，企业学习动机是影响产学研联盟组织间学习的一个重要因素。企业在产学研联盟中是否具有较强的学习动机，直接决定着它是否将产学研联盟视为一个学习平台，决定着它与联盟伙伴的交往态度，从而最终决定其在产学研联盟中的组织间学习效果。与此同时，企业学习能力对于组织间学习影响的回归系数为0.513，大于其他各因素对于组织间学习影响的回归系数，是最重要的影响因素。这表明企业若想通过产学研联盟这一平台获得所需要的知识与能力，首先要炼好“内功”，不断提升自身的知识获取能力、吸收能力、整合能力与应用能力。这也是为什么随着组织学习理论研究的不断深入，越来越多的企业更加重视组织学习，更强调要建设学习型组织的重要原因。企业学习能力的提升是一个长期的、系统的、战略性的工程，企业认清了这一点，就会在产学研联盟组织间学习方面处于更主动的地位，对于提升企业绩效和竞争优势都是非常重要的。

（二）知识属性因素、组织间情境因素是产学研联盟组织间学习的负向显著影响因素

知识属性因素包括知识的隐性和知识的模糊性，组织间情境因素涉及企业与联盟伙伴的组织间知识差异与组织间文化协同性。从第四章实证分析结果可以看出，这两方面的因素对于组织间学习而言都是负面的阻碍因素。其中，知识的隐性与模糊性特点具有客观性，给企业在产学研联盟中的学习造成了困难。而隐性知识又属于企业在产学研联盟中重要的学习内容，因此企业管理者需要考虑如何克服这种困难从而达成良好的学习效果。

从组织间知识差异这一因素分析，知识差异过小或过大均不利于组织间学习，而中等程度的知识差异有利于产生良好的组织间学习效果。因此，企业在选择联盟伙伴时要评价对方的知识拥有状况，尽可能选择与自身有一定知识差异的合作方作为自己的联盟伙伴。但为了产生良好的组织

间学习效果，组织间知识差异不能过大；从组织间文化协同性这一因素分析，双方的文化协同性弱不利于组织间学习。从组织间学习的角度，文化协同性是指联盟各方的组织文化中是否包含学习型、创新型文化要素。实证结果表明，各方文化中如果均具备学习型、创新型文化要素，则有利于提升组织间学习效果。因此，联盟各方要培养学习型、创新型文化氛围，从而推动组织间学习的可持续发展。

（三）企业产学研联盟的组织间学习提升了组织绩效，而不同的联盟形式、联盟关系构型、联盟控制方式对于提升组织绩效有着不同的影响

这一结论首先让我们认识到企业要获得高组织绩效，必须具备较强的外部学习能力，通过与大学、科研机构缔结产学研联盟，在产学研联盟组建伊始乃至产学研联盟存续过程中要有明确的学习目标，重视与联盟伙伴的组织间学习过程，这样就能通过产学研联盟组织间学习获得企业所需要的知识与能力，从而提升组织绩效。与此同时，企业管理者还应该认识到组织间学习对组织绩效的影响是会发生变化的。本书的实证研究结果表明：有些产学研联盟组织间学习对组织绩效的影响会更显著。具体来说，权益式联盟、强关系联盟、采用社会控制方式更有利于产生高组织绩效。因此，企业在选择产学研联盟伙伴时要注重双方结盟过程中的细节，对于联盟形式、联盟关系构型、联盟控制方式等作出合理选择与安排，从而产生高绩效。

二 启示与建议

以本书的研究结论为基础，提出中国企业进行产学研联盟组织间学习管理的策略与建议如下：

（一）确立共同的产学研联盟合作目标

产学研联盟各方有一个共同的合作目标是提升组织间学习效果的前提。在产学研联盟中，由于各方分属不同性质的组织类型，它们在价值取

向、行为方式等方面必然存在着诸多差异，例如：企业追求的目标往往是技术的实用性和经济性，而大学、科研机构则更注重技术的先进性和学术价值。在合作过程中，企业期望大学、科研机构提供的技术成果能直接应用，快速转化成生产力，转化为现实的经济效益，而大学、科研机构在实验室研制出来的技术成果需要经过中试才能达到批量生产的过程，这一过程中往往存在失败的风险性。因此，各方应协同目标，大学和科研机构在技术成果开发时不能仅将成果的学术水平放在第一位，还要同时考虑技术成果的市场前景、成本、用户价值等因素。而这些因素的把握需要联盟各方人员紧密配合，加强合作。与此同时，在提供技术成果时，尽量提高成果的成熟度，并有效预测技术成果在企业应用过程中可能产生的问题，制定事先应对方案，尽可能安排对企业的参与人员进行培训，从而实现组织间学习目标。对于技术成果，企业不仅要关注目前的经济效益，也要重视成果对企业核心竞争力形成、企业可持续发展等方面的作用，把学习知识、提升能力作为产学研联盟合作的目标。

（二）建立和发展良好的产学研联盟合作关系

良好的合作关系对于企业而言是一种关系资本。建立产学研联盟伙伴之间紧密、融洽的合作关系，有利于在产学研联盟中营造一种自由开放的氛围，促进联盟各方的合作更加紧密，进而促进组织间知识尤其是隐性知识的交流和共享。而所有这一切实现的基础则是合作各方的相互信任。组织间信任是消除一切组织间学习障碍的根本所在。组织间信任是指组成产学研联盟的各组织间通过建立基于“可计算信任”和“纯信任”，能够容忍、克制一个组织在合作中的机会主义行为。其中，“可计算信任”属于结构层面的信任，它是基于一种追求资源的互补、信誉的影响等理性动机的信任；而“纯信任”则表现为乐观地认为合作企业会采取对自身有利行为的信任。“可计算信任”与“纯信任”之间越重叠，组织间相互信任程度越高。具体来说，产学研联盟各方建立有效的合作关系需要做到以下几点：

1. 设计公平合理的利益分配机制

利益分配机制直接决定着产学研联盟合作各方的信任程度。公平合理的利益分配机制，可以让联盟合作各方提升知识共享的动机。相关研究结果也表明：在产学研联盟中，大学和科研机构之间的利益分配是否合理是影响产学研联盟合作正常进行的重要因素。公平合理的利益分配机制意味着要将知识价值化，在产学研联盟协议中加以明确规定。与此同时，协议内容还要具有一定的弹性，可以根据合作进展过程中出现的变化予以一定程度的调整从而使协议中安排的利益分配机制更为合理。

2. 增加联盟合作各方的知识开放程度，提升沟通水平

有效的沟通能够促进各方的相互了解，减少各方在文化观念、知识基础等方面存在的差异，这一点在组织间学习过程中显得尤为重要。组织间学习的内容主要表现为隐性知识，它的有效转移需要各方坦诚沟通。为了达到以上目标，一是考虑选择有成功合作历史的合作伙伴，因为相互间都很熟悉彼此的价值取向和工作风格，从而能有效地减少合作成员的冲突，提高知识在组织间的流动速度；二是选择基于股权的产学研联盟模式，使产学研联盟各方结成紧密的利益共同体。

（三）激发企业的学习动机

Hamel（1991）认为企业内部化合作伙伴知识的动机是学习的重要决定因素，学习的动机越强，其学习效果越好。① 因此，企业必须具备主动的组织间学习意识，不能将合作仅仅视为本企业短缺资源的获取途径或替代机制，而应是能力提升的有效途径，将组织间学习作为合作的主要目标。只有这样，企业才会具有强烈的从产学研联盟合作中进行系统化学习的倾向，组织间学习效果才会更好。

个体层面的学习是组织学习的基础。企业组织层面的学习动机必须进一步细化为员工个体的学习目标。因此，在产学研联盟中，让每位员工能够明确自己的学习目标，是一件非常重要的事情。缺乏明确的、并且为所有成员了解和接受的学习目标将阻碍组织学习的正常进行。

① Hamel G. Competition for competence and inter—partner learning within international strategic alliances [J]. Strategic Management Journal, 1991, 12: 83—103.

为派驻到产学研联盟项目中的本企业员工设定学习目标，首先，应明确产学研联盟中哪些知识需要内部化，即哪些知识对企业而言是有价值的。这就意味着并不是在产学研联盟中共享的所有知识对企业都具有较高的价值。Inkpen（1998）将联盟知识划分为不需要内部化的知识和需要内部化的知识两类。① 不需内部化的知识是指在联盟协议之外，并不为企业提供多少价值的知识类型。需要内部化的知识则是企业从联盟中获得的可用于提高其自身战略活动和经营活动效果的知识。这些知识被企业内部化后，可应用于新的市场、产品和业务领域。

其次，要将学习目标纳入员工的绩效考核之中。由于进驻到联盟的员工的工作目标有很多，知识与技能的学习只是其中之一。为了确保员工充分重视学习，有必要在绩效考核指标体系中添加这一方面，即是否在产学研联盟中学习到伙伴的相关知识并在企业中充分应用，是否达成了规定的学习目标。对于超额完成目标者要予以奖励、晋升等。

（四）建立学习型组织，提升组织学习能力

彼得·圣吉认为，21 世纪最成功的组织当属学习型组织。从组织学习的视角来看，学习型组织是开展组织学习的一个高效平台。彼得·圣吉提出建立学习型组织的五项修炼是每一个想成为学习型组织的企业必修课，它们是：自我超越、改善心智模式、创建共同愿景、开展团队学习、进行系统思考。通过建立学习型组织，强化组织中每一个成员的团队精神，使他们能够充分认识和理解共同愿景及目标，加强组织成员间知识和技能的交流，实现产学研联盟知识的共享，从而有利于组织成员学习能力的提高。企业从产学研联盟中获取知识的有效性取决于自身学习能力的高低。即使面对相同的学习环境，不同企业的组织学习效果也会由于学习能力的不同而存在差异。按照前面对于组织学习能力的分析，可知组织学习能力主要由知识获取能力、知识吸收能力、知识整合能力和知识应用能力

① Andrew C. Inkpen. Learning and knowledge acquisition through international strategic alliances [J]. Academy of Management Executive, 1998, 12 (4): 69—79.

所构成。因此，提升组织学习能力的具体策略如下：

（1）加强知识的学习与积累

吸收能力是企业在长期的实践中逐渐形成的，它具有路径依赖性，而且需要企业持续不断地投资，一旦中止投资，吸收能力将会迅速弱化。因此，为了提高企业的知识吸收能力，企业需要加强有关知识的学习和积累，不断扩大自身的知识基础，增加知识存量，提高合作知识与原有知识的关联度。

（2）建立良好的组织学习机制

通过制度化的结构和程序安排，系统地收集、整理、储存、传播、使用和创造知识。良好的组织学习机制，可以使企业将合作中获取的知识迅速转化为企业内部知识，并在内部化过程中创造一些新的知识，以达到提升企业能力的目的。

（3）重视实践社区的作用，充分挖掘与发挥其潜能

实践社区是企业中非正式组织的一种，员工对某项事业基于共同的专业知识和情感而走到一起。他们的联系时间与方式都不固定，采取自由的、创造性的方式共享知识，进而产生解决问题的新方法。因此，作为企业的管理者应看到实践社区是共享知识与创造知识的一种非常好的方式，能够起到为企业推动战略、开创新业务、快速解决难题、传播最佳经验、开发专业技能等作用，企业管理者要聚集合适的成员，提供一个促进实践社区发展繁荣的平台，在组织学习过程中充分发挥它的作用。

（五）建立创新型企业文化，营造良好的创新氛围

前述实证研究结果表明：在产学研联盟中，如果联盟合作各方组织文化中均包含创新型文化要素，则有助于提升组织间学习的效果。企业在技术创新上的差异源于其文化差异。创新型文化的核心是激励探索、鼓励创新、包容个性和宽容失败。[①] 这样的核心价值观可使员工对企业产生信任感，在一种轻松的氛围下，自由思考，充分发挥潜能，使创新活动无压力

---

① 杜跃平、王开盛：《创新文化和技术创新》，《中国软科学》2007 年第 2 期。

地进行。创新成果在企业内的传播与分享，最终将使组织充满创新氛围。

建立创新型企业文化，着重把握五个基本要素，即鼓励、自由、体验、容忍和认同。鼓励是指企业要鼓励员工的创新与冒险行为，这种鼓励要充分体现在人力资源管理的各个环节中；自由是指企业要允许员工有自由的思考空间，不要有过多的思维框架限制；体验是指企业要给员工提供多体验的机会，只有这样，才能增进员工之间的相互理解；容忍是指企业要为员工提供充分施展其个性的舞台，在企业内允许有不同的声音，能够容忍员工失败；认同是指企业与员工之间的相互认同，也包括员工之间的相互认可。

（六）制定以组织学习为导向的人力资源管理策略

强化企业的学习动机，提高企业的学习能力，都要从企业人力资源管理入手，通过制定切实可行的人力资源管理策略，提升企业员工的素质与工作积极性。具体来说，应制定与实施以下策略：

1. 科学选拔联盟界面参与者

无论采用哪种联盟形式，企业都需要派出相关人员到联盟界面中与合作企业人员直接接触。联盟界面参与者，也称跨联盟边界人员（boundary spanners）即指企业派驻产学研联盟中的学习成员，他们在企业、大学、科研机构和联盟之间进行活动。他们是联盟中的知识共享乃至知识创造的主体。

Ushman 和 Scanlan（1981）将跨边界人员分为组织外部交流人员、组织内部交流人员和两者都具备的人员。他们认为，组织外或者组织内的交流人员对于组织有效信息获取都是必要条件而不是充分条件，只有既具备外部交流资源又具有内部交流资源的人员才能成为组织信息的提供者。Burt（2003）对中间人（brokerage）即跨部门、组织信息传递的人员进行了研究，他认为“中间人”能够使结构洞（structural hole）双方认识到对方的利益和面临的困难，找到看似不相关的行为的相似之处，从而有利于借鉴和综合知识能力形成新的知识。一个合格的联盟界面参与者需要了解和把握企业从合作伙伴那里获取知识的类型和分布、知识的转移路径和转移特点、影响知识转移与共享的主要因素以及企业内化、整合与提升外部知识的过程。为此，界面参与者应该具备以下基本素质与能力：一是必须具有强烈的学习愿望，这是有效学习的前提，企业可以通过内部培养和提拔或者外部招聘的方式获得；二是跨文化管理能力，能充分知晓联盟伙伴所在国家的文化，精通其语言，具有跨文化管理经验；三是具有较强的沟通能力，能够与企业内各部门管理者以及与联盟伙伴的界面参与者进行有效的沟通；四是对企业的经营和战略有充分的了解，以此为基础及时发现联盟界面中出现的有价值的信息和知识；五是具有良好的防范能力，要确保信息在各方交流的同时，防止不必要的知识泄露，使知识获取与知识防护达到有机平衡。

在产学研联盟中，企业派出的界面参与者（跨边界人员）直接决定着组织学习的效果。由于产学研联盟主要涉及技术方面的合作，因此可供企业选择的跨边界人员有：技术部经理和专业技术人员。技术部经理既具有技术背景又具备管理经验，有能力学习联盟中的技术知识，他可以参加双方技术知识的投入和转让等谈判，易于接触到技术知识的显性部分，但由于他们很少直接参与到具体的技术活动，与大学、科研机构的技术研究开发人员直接接触的机会也不会太多，这不利于他们学习隐性知识。与其不同的是，专业技术人员在联盟工作中更容易学习与技术相关的知识，具体到知识的类型，则要看他是否具有较强的合作技能与人际交往技能。如果合作技能与人际交往技能较强，则在工作中能够与联盟伙伴建立起良好的私人关系，从而更多地学习到合作方的隐性知识；否则，他们只能接触到合作方提供的显性技术知识。

综上所述，在跨边界人员选择方面，可以选择技术部经理作为联盟谈判的主导，选择具有较强合作技能与人际交往技能的专业技术人员作为技术合作与交流的主体。

2. 设计以组织学习为导向的绩效评价体系与奖励系统

所谓以组织学习为导向的绩效评价体系，就是在绩效评价体系的内容构成上增加企业员工是否努力参与学习并获得学习成果的评价维度，并根据组织学习在企业战略发展中的重要程度赋予相应的权重；并以这一绩效评价体系为基础，设计相应的奖励系统。对于达成学习目标者提供物质与非物质奖励，当然要以员工的需求为基础，设计恰当的奖励形式。

（七）选择适合的知识转移通道

知识转移通道，即指知识从知识供方转移到知识受体的途径。针对知识的不同类别，应选择不同的知识转移通道。对于显性知识的学习，可以选择以下路径：第一，组建联盟内部网络。可以将联盟组织内部的企业和员工连接起来，促进知识的共享和流动。第二，建立联盟知识数据库。联盟知识数据库是指以文本或多媒体等形式储存联盟企业的知识和信息的“仓库”，联盟企业员工可以从其中输入或输出知识。第三，建立知识黄页。通过知识黄页的方式将联盟知识系统化，并做成个人手册和词典，为联盟组织所有成员提供关于知识、技术的信息。第四，利用电子邮件。电子邮件可以实现联盟企业员工之间远程、即时的交流，因而有利于知识的转移与共享。第五，开通电子论坛。电子论坛是员工在内部互联网上提问与回答的虚拟空间，它可以有效地促进员工之间的交流与知识转移。

而隐性知识的学习，则主要依赖于个人之间的沟通与交流。主要方式有：第一，会议与论坛。联盟通过定期举办各种主题的会议与论坛，可以加强企业之间的联系，使得联盟可以通过正式的与非正式的个人沟通和交流来实现知识的共享与流动。第二，实地考察。联盟成员可以通过实地考察，学习其他企业的先进经验与知识，促进联盟的组织学习和知识流动。第三，组建项目团队。在联盟合作中，项目团队通常是由来自不同企业的不同职能部门的人员组成。项目团队的组织形式比较灵活，能在组织内部的不同单元之间建立面对面的交流关系。第四，工作轮换。即在企业与产学研联盟之间及不同的产学研联盟之间进行系统的工作轮换。工作轮换使经验得以共享，使企业员工能够从多角度认识产学研联盟。第五，人员培训。产学研联盟可以通过人员培训快速提高知识吸收能力，拓宽知识传输渠道，并有利于塑造联盟组织学习文化。

（八）强化产学研联盟界面管理

产学研联盟界面是企业与合作伙伴互动的平台，为了提升联盟内组织学习的效果，需要加强联盟界面的管理。从组织学习的角度，主要是在联盟内创建一个长期合作和共同学习的联盟环境。首先，要营造相互学习的氛围。要让联盟伙伴减少对知识的防护性，企业在组织学习的目标定位上除了从对方获取知识外还要给予对方所需要的东西。与此同时，还要提高所派驻人员的素质与能力，使其具备与对方人员合作的基础。在以上前提下，要在联盟界面创造相互学习的氛围，这就要求参与联盟学习的人员首先必须抱着真诚和信任的态度，将战略联盟视为一种学习机会，通过个人之间和企业之间的日常接触交流新思想、新方法和新技能。与此同时，要在联盟界面营造一种共同的联盟文化，逐渐统一价值观，减少学习时可能出现的冲突。其次，树立系统思想。要将系统思想贯穿产学研联盟学习的全过程，它是有效学习强有力的保证。系统思想要求成员应用系统的、长远的、全局的和共赢的观点看待产学研联盟的发展与演化，从根本上认识到产学研联盟学习是一个动态过程，要根据不同的产学研联盟发展阶段对组织学习进行合理规划；与此同时，联盟伙伴要共同参与决策和规划产学研联盟的发展远景，从而有效地实现共同的战略目标。

三　研究的局限和未来研究的展望

本书基于产学研联盟理论和组织学习理论，以中国企业为样本，提出并检验了企业产学研联盟组织间学习影响因素以及组织间学习影响组织绩效的作用机制模型。尽管本研究得出了一些较有意义的结论，但在研究过程中仍存在一些局限，需要在未来研究中加以改善与深化。本研究存在的局限及有待于进一步深入研究之处主要有以下两个方面：

第一，变量设计与测量。

在产学研联盟组织间学习影响因素模型中主要考虑了企业本身因素、知识属性因素和组织间情境因素，而没有将联盟伙伴因素纳入进去，主要是由于从企业角度有时很难判断联盟伙伴的一些情况，尤其对于主观性很强的一些变量的测量，不易得到真实、客观的结果。另外，对于组织间情境因素，国内外现有研究中很少有这方面的变量设计，本书也只是就组织间知识差异和组织间文化协同性两个因素作一定的探索，在变量的测量上还有待于进一步完善。因此，在以后的研究中需要对模型进一步拓展，并研究出较好的测量办法。在产学研联盟组织间学习与组织绩效关系模型的调节变量设计上，对于联盟形式只比较了权益式联盟和契约式联盟对于两者关系的不同影响，而契约式联盟又分为多种形式，今后的研究中需要对这些形式的不同影响加以深入研究；在变量的测量方面，本书采用 Likert 七点量表的主观测量方法对模型中各变量进行测量，虽然本书结合已有研究量表、对相关企业进行实地访谈以及专家意见进行调查问卷设计，对变量的测量进行了信度与效度检验，但是主观评价方法仍可能影响到所收集数据的可靠性与准确性。

第二，样本数据收集。

尽管本研究花费了大量的精力对调查问卷进行发放与回收，获得有效问卷的数量也基本满足了样本量的要求。但由于研究规模和资源的限制，笔者没能够进行更大规模的调查。本研究的实证分析并非真正意义上的大样本研究，样本抽样的随机性也不够，虽然通过统计检验进行了一定控制，但这还是可能在一定程度上降低了样本的代表性，这也在一定程度上影响了本书实证结果和结论的一般化。因此，在未来的研究中应采取更加随机的方式进行抽样，以获取更大规模的样本数据，使样本具有更好的代表性与广泛性。

总之，关于产学研联盟组织间学习的研究正成为企业管理研究领域中的热点之一，相信在不久的将来会涌现更多的关于此方面的理论研究与实证研究。本研究希望能对企业产学研联盟组织间学习的理论研究起到一定的推动作用，对于未来可能的研究方向，还有待于笔者及相关领域的学者对此进行更为深入的研究。

附录 《产学研联盟组织间学习研究》调查问卷

尊敬的女士/先生：

首先感谢您花费宝贵的时间来完成本问卷！

本研究的目的是分析企业如何借助产学研联盟提升组织间学习效果进而提升组织绩效。产学研联盟是企业与大学、科研机构，为达到一定的目的而结成的优势相长、风险共担的松散型合作竞争组织。产学研联盟主要有契约式和权益式战略联盟两种。在产学研联盟中，企业与联盟伙伴在合作的同时会产生学习行为，即组织间学习。通过组织间学习，企业能够获取联盟伙伴某一方面独特的知识，将此知识与企业自身所拥有的知识进行整合，从而有效地提升企业的核心竞争力，并最终提升组织绩效。

本次调查采用匿名方式，研究结果用于纯学术研究，请不要有顾虑。本项研究承诺绝对保密，绝不会泄露贵公司的任何信息。对问卷中的问题，每个人都可以有不同的看法，因而您的选择没有对错之分，敬请您根据实际情况表达真实的想法。每个问题都须回答，请不要遗漏。谢谢！

再次对您的支持表示衷心的感谢！祝工作顺利，心想事成！

第一部分 基本信息

填写说明：请按您本人和所在部门、公司的实际情况，对以下陈述语句表示看法，只需在相应选项上打“√”即可。

1. 您的职位属于：

①基层管理者 ②中层管理者 ③高层管理者 ④其他

2. 您所从事的工作属于：

①生产 ②管理 ③技术 ④其他

3. 您的公司所在地位于__________省__________市（请填写）

4. 您的公司性质属于：

①国有企业 ②私营企业 ③股份有限公司 ④有限责任公司 ⑤其他

5. 您公司的员工总数约为：

①200 人以下 ②200—500 人 ③500 人以上

6. 贵公司的主要产学研联盟伙伴有：__________，与该联盟伙伴的合作时间为：__________年。（请填写）

第二部分 产学研联盟组织间学习影响因素调查

相关陈述	符合程度						
	非常不同意	不同意	有些不同意	中立	有些同意	同意	非常同意
（一）企业本身因素							
学习动机							
1. 当决定加入产学研联盟时，贵公司有一个强烈的愿望去学习联盟伙伴知识	1	2	3	4	5	6	7
2. 贵公司将产学研联盟视为学习伙伴知识的一个重要途径	1	2	3	4	5	6	7
3. 贵公司积极安排相关人员参加与联盟伙伴的各种交流活动	1	2	3	4	5	6	7
学习能力							
4. 贵公司及成员善于从过去的经验和错误中进行总结和学习	1	2	3	4	5	6	7
5. 贵公司及成员能及时发现自身知识差距，并准确地找到所需要的新知识	1	2	3	4	5	6	7
6. 贵公司及成员能有效地汲取、扩散和“内化”新知识	1	2	3	4	5	6	7
7. 贵公司及成员已具备一定知识积累，对所学新知识有一定程度的了解	1	2	3	4	5	6	7
8. 贵公司及成员能将获得的新知识与原有的知识紧密结合和匹配	1	2	3	4	5	6	7

续表

相关陈述	符合程度						
	非常不同意	不同意	有些不同意	中立	有些同意	同意	非常同意
9. 贵公司及成员能充分运用从学习中取得的新知识有效解决公司运营过程中产生的问题	1	2	3	4	5	6	7
（二）知识属性因素							
知识的隐性							
10. 联盟伙伴知识易于编码化	1	2	3	4	5	6	7
11. 联盟伙伴的知识能够用文字、语言、符号等清晰地予以表达	1	2	3	4	5	6	7
知识的模糊性							
12. 联盟伙伴的知识较容易传递到贵公司	1	2	3	4	5	6	7
13. 与联盟伙伴知识相关的原因与影响、投入与产出、行为与结果之间的关联是清晰的	1	2	3	4	5	6	7
（三）组织间情境因素							
组织间知识差异							
14. 贵公司与联盟伙伴在技术水平和管理实力等方面有较大差异	1	2	3	4	5	6	7
15. 双方在技术发展历程或经营管理沿革方面有很大不同	1	2	3	4	5	6	7
组织间文化协同性							
16. 企业与大学、科研机构的主导价值观均包含学习型文化、创新型文化要素	1	2	3	4	5	6	7
17. 各方合作项目的负责人的处世哲学是一致的	1	2	3	4	5	6	7
组织间学习							
18. 从联盟伙伴那里，贵公司学到了伙伴独特的产品开发技术，贵公司的核心技术能力有了显著提升	1	2	3	4	5	6	7
19. 从联盟伙伴那里，贵公司学到了伙伴独特的产品制造流程，贵公司的核心制造能力有了显著提升	1	2	3	4	5	6	7
20. 从联盟伙伴那里，贵公司学到了伙伴独特的营销技术，贵公司的核心营销能力有了显著提升	1	2	3	4	5	6	7
21. 从联盟伙伴那里，贵公司学到了伙伴独特的管理经验，贵公司的核心战略管理能力有了显著提升	1	2	3	4	5	6	7

第三部分 产学研联盟组织间学习与组织绩效关系调查

一 对产学研联盟组织间学习的测度

相关陈述	符合程度						
	非常不同意	不同意	有些不同意	中立	有些同意	同意	非常同意
组织间学习							
18. 从联盟伙伴那里，贵公司学到了伙伴独特的产品开发技术，贵公司的核心技术能力有了显著提升	1	2	3	4	5	6	7
19. 从联盟伙伴那里，贵公司学到了伙伴独特的产品制造流程，贵公司的核心制造能力有了显著提升	1	2	3	4	5	6	7
20. 从联盟伙伴那里，贵公司学到了伙伴独特的营销技术，贵公司的核心营销能力有了显著提升	1	2	3	4	5	6	7
21. 从联盟伙伴那里，贵公司学到了伙伴独特的管理经验，贵公司的核心战略管理能力有了显著提升	1	2	3	4	5	6	7

二 对组织绩效的测度

近三年中，与未参与产学研联盟时的水平相比，请判断贵公司在下列项目中的变化程度？

相关陈述	符合程度						
	强烈减少	减少	有些减少	中立	有些增加	增加	强烈增加
22. 产品质量改善	1	2	3	4	5	6	7
23. 销售额	1	2	3	4	5	6	7
24. 利润	1	2	3	4	5	6	7

续表

相关陈述	符合程度						
	强烈减少	减少	有些减少	中立	有些增加	增加	强烈增加
25. 市场份额	1	2	3	4	5	6	7
26. 投资回报率	1	2	3	4	5	6	7
27. 资产回报率	1	2	3	4	5	6	7
28. 客户满意度	1	2	3	4	5	6	7
29. 企业声誉	1	2	3	4	5	6	7

三 调节变量

（一）联盟形式

30. 贵公司与联盟伙伴的联盟形式是什么？

①权益式联盟 ②契约式联盟

（二）联盟关系嵌入构型

31. 请识别企业所组建的产学研联盟属于以下哪一种类型？

①高新技术科技园区 ②项目联合 ③联合共建研究中心与工程技术中心 ④企业附属研究院。

（三）联盟控制方式

32. 贵公司与联盟伙伴在合作过程中主要依靠什么来约束彼此的行为？

①双方签订的合同 ②双方在合作中建立的共同价值观

如果您想了解本次调查的统计结果，请留下您的联系方式：

公司名称______________________________

通信地址 ______________________________

电子邮箱 ______________________________

问卷到此结束，谢谢您的合作！

参考文献

[1] Argyris. C. Schon, D. A.. Organizational Learning: a Theory of Action Perspective. Reading (MA): Addison—Wesley, 1978.

[2] Akmal S. Hyder. Product and Skills Development in Small— and Medium—sized High—tech Firms through International Strategic Alliances. Singapore Management Review, 2003, 26 (2).

[3] Amalya L. Oliver. Strategic Alliances and the Learning Life—cycle of Biotechnology Firms. Organization Studies, 2001, 22 (3).

[4] Andrew C. Inkpen, Mary M. Crossan. Believing Is Seeing: Joint Ventures and Organizational Learning. Journal of Management Studies, 1995, 32 (5).

[5] Andrew C. Inkpen. Creating Knowledge through Collaboration. California Management Review, 1996, 39 (1).

[6] Andrew C. Inkpen. Learning and knowledge acquisition through international strategic alliances . Academy of Management Executive, 1998, 12 (4): 69—79.

[7] Andrew C. Inkpen. Learning Through Joint Ventures: A Framework of Knowledge Acquisition. Journal of Management Studies, 2000, 37 (7): 1019—1043.

[8] Andrew C. Inkpen &Steven C. Currall The Coevolution of Trust, Control, and.

[9] Learning in Joint Ventures. Organization Science, 2004 (15) 5: 586—599.

[10] Andrew C. Inkpen and Wang Pien. An Examination of Collaboration and Knowledge Transfer: China—Singapore Suzhou Industrial Park. Journal of Management Studies, 2006, 43 (4): 779—811.

[11] Arthur L. & Jeffrey G.. Knowledge Acquisition in University—Industry Alliances: An Empirical Investigation from a Learning Theory Perspective. Product Innovation Management, 2008 (25): 162—179.

[12] Arvind Parkhe. Interfirm Diversity in Global Alliances. Business Horizons, 2001 (11).

[13] Badaracco, J. L. The knowledge link: How firms compete through strategic a1liances [M]. Boston、MA: Harvard Business School Press, 1991.

[14] Beamish, Killing. Cooperative Strategies: European Perspectives. The new Lexington Press, 1997, 89—132.

[15] Bernard L. Simonin. The Importance of Collaborative Know—How: An Empirical Test of the Learning Organization. Academy of Management Journal, 1997, 40 (5): 1150—1174.

[16] Bernard L. Simonin. Transfer of Marketing Know—How in International Strategic Alliances: An Empirical Investigation of the Role and Antecedents of Knowledge Ambiguity. Journal of International Business Studies, 1999, 30 (3).

[17] Bernard L. Simonin. "Ambiguity and the process of knowledge transfer in strategic alliances", Strategic Management Journal, 1999 (20): 595—623.

[18] Bernard L Simonin. An empirical investigation of the process of knowledge transfer in international strategic alliances. Journal of International Business Studies, 2004, 35: 407—427.

[19] Bedrow, I. & Lane, H. W. International joint ventures: Creating value through successful knowledge management. Journal of World Business, 2003, 38.

[20] Bo Bernhard Nielsen, Sabina. Learning and Innovation in International Strategic Alliances: An Empirical Test of the Role of Trust and Tacit-

ness. Journal of Management Studies, 2009 (46) 6: 1031—1056.

[21] Bresman, H, Birkinshaw J. et. al Knowledge transfer in international acquisitions. Journal of International Business Studies, 1999, 30 (3), 439—462.

[22] Bruton, G. D. , Lohrke, F. T. & Lu, J. W. The evolving definition of what comprises international strategic management research. Journal of International Management, 2004 (10) .

[23] Buckley, Peter J. Glaister et al. . Knowledge Accession and Knowledge Acquisition in Strategic Alliances: The Impact of Supplementary and Complementary Dimensions. British Journal of Management. 2009 (20) 4: 598—609.

[24] Calantone, R. J. , Cavusgil, S. T. & Zhao, Y. . Learning orientation, firm innovation capability, and firm performance. Industrial Marketing Management, 2002 (31): 515—524 .

[25] Child. Strategies of Cooperation: Managing A1liances. Networks, and Joint Ventures. NewYork: Oxford University Press, 1998: 46—68.

[26] Cohen. W. M. and Levinthal. D. A. Absorptive capacity: A new perspective on learning and innovation. Administrative Science Quarterly, 1990 (35): 128—152.

[27] Collinson, Simon. Knowledge Management Capabilities for Steel Makers: A British—Japanese CorporateAlliance for Organizational Learning. Technology Analysis & Strategic Management, 1999, 11 (3) .

[28] Colombo, M. G. Alliance form: a test of the contractual and competence perspectives. Strategic Management Journal, 2003, 24: 1209—1229.

[29] Commings J, Knowledge transfer across R&D unit: an empirical investigation of the factors affecting successful knowledge transfer across intra and inter organizational units [D] . An unpublished doctor dissert, Washington University, 2001.

[30] Cummings J. L. , Teng Bingsheng. Transferring R&D knowledge: the key

factors affecting knowledge transfer success. Journal of Engineering and Technology Management, 2003, 20: 39—68 .

[31] Changsu KimBeldona, Sam Contractor, Farok J. Alliance and technology networks: an empirical study on technology learning, International Journal of Technology Management; 2007 (38): 29—44. .

[32] Chen, Hung—hsin Lee. Drivers of dynamic learning and dynamic competitive capabilities in international strategic alliances. Journal of Business Research, 2009, (62) 12: 1289—1295. .

[33] Chow C. W. , Deng F. Johnny, Ho J L. The Openness of Knowledge Sharing Within Organizations: A Comparative Study of theUnited States and the People's Republic of China. Journal of Management Accounting Research, 2000, 12: 65—95.

[34] Crossan M. , Lane H. , White R. An organizational learning framework: from intuition to institution. Academy of Management Review, 1999, 24 (3): 522—537.

[35] Crossan & Inkpen. The subtle art of learning through alliances. Business Quarterly, 1995 (60) 2: 69—78.

[36] David Lei, John W. Slocum, Jr Robert A. Pitts. Building Cooperative Advantage: Managing Strategic Alliances to Promote Organizational Learning. Journal of World Business, 1997, 32 (3): 203—222.

[37] Darrell Rigby & Barbara Bilodeau. Management tools and trends. Strategy &Leadership, 2007, 35 (5): 29—47.

[38] Dickson, P & Weaver, K, M. Environmental determinants and individual level moderators of alliances. Academy of Management Journal, 1997, 40: 404—425.

[39] Dodgson, Organizational Learning. A Review of Some Literatures Organization Studies, 1993, 14: 375—394.

[40] Dunning, John H. Location and multinational enterprise: a neglected factor. Journal of International Business Studies, 1998, 29 (1) .

[41] Dyer and Noveoka. Creating and Managing a High—Performance Knowledge— Sharing Network: the Toyota Case. Strategic Management Journal. 2000, 21 (3): 345—367 .

[42] Dyer J. H. , Kale, Singh H. How to make strategic alliances work. Sloan Management Review, 2001, 414: 37—43.

[43] Dealtry, Richard. Exploration of a Contextual Management Framework for Strategic Learning Alliances, Journal of Workplace Learning, 2008 (9): 443—452.

[44] Das, T. K. Kumar, Rajesh . Learning dynamics in the alliance development process. Management Decision, 2007 (45) 4: 684—707.

[45] Dunning, John H, Location and multinational enterprise: a neglected factor? Journal of International Business Studies, 1998, 29, 1.

[46] Dushnitsky, GaryShaver, J. Myles. Limitations to inter—organizational knowledge acquisition: the paradox of corporate venture capital. Strategic Management Journal, 2009 (30) 10: 1045—1064.

[47] Eric W. K. Tsang. A Preliminary Typology of Learning in International Strategic Alliances. Journal of World Business, 1999, 34 (3) .

[48] Gary Hamel. Competition for Competence and Inter—partner Learning within International Strategic Alliances . Strategic Management Journal, 1991, 12: 83—103.

[49] Grant R. M. Toward a Knowledge—Based Theory of the Firm. Strategic Management Journal, 1996, 17: 109—122.

[50] Grunwald, Roman, Kieser, Alfred. Learning to Reduce Inter—organizational Learning: An Analysis of Architectural Product Innovation in Strategic Alliances. Journal of Product Innovation Management, 2007, 24 (4) .

[51] Gjalt de Jong & Rosalinde Klein Woolthuis. The Institutional Arrangements of Innovation: Antecedents and Performance Effects of Trust in High—Tech Alliances. Industry and Innovation, 2008 (15) 1: 45—67.

[52] Gulati, Ranjay. Alliance and networks. Strategic Management Journal,

1998 (19): 293.

[53] Hallikas, Jukka Karkkainen, Hannu Lampela et al . Learning in networks: an exploration from innovation perspective. International Journal of Technology Management, 2009 (46) 2: 229—243.

[54] Hung—bin Ding Phan, Phillip H. Why aren't we learning from our partners? An investigation on the relationship between initial conditions and knowledge acquisition effectiveness. International Journal of Entrepreneurship & Innovation Management; 2009 (9) 3: 204—228.

[55] Hamel G. Competition for competence and inter—partner learning within international strategic alliances. Strategic Management Journal, 1991, 12: 83—103..

[56] Huber, George P.. Organizational Learning: The Contributing Processes and the Literatures. Organization Science, 1991, 2 (1): 88—115.

[57] Im, Ghiyoung Rai, Arun. Knowledge Sharing Ambidexterity in Long—Term Inter—organizational Relationships. Management Science, 2008 (54) 7: 1281—1296.

[58] Janowicz—Panjaitan, Martyna Noorderhaven, Niels G.. Trust, Calculation, and Inter—organizational Learning of Tacit Knowledge: An Organizational Roles Perspective. Organization Studies , 2009 (30) 10: 1021—1044.

[59] Jiang Xu, Li Yuan. An empirical investigation of knowledge management and innovative performance: The case of alliances. Research Policy, 2009 (38) 3: 358—368.

[60] Joseph W. JR Rottman . Successful knowledge transfer within offshore supplier networks: a case study exploring social capital in strategic alliances . Journal of Information Technology , 2008 (23) 3: 31—43.

[61] J. G. Cegarra—Navarro. An empirical investigation of organizational learning through strategic alliances between SMEs. Journal of Strategic Marketing, 2005, (13): 3—16.

[62] Kale P. , Singh H. , Perlmutter H. Learning and Protection of Proprietary Assets in Strategic Alliances: Building Relational Capital. Strategic Management Journa, 2000 (21): 217—237.

[63] Kale, P. & Singh H. Building firm capabilities through learning: the role of the alliance learning process in alliance capability and firm—level alliance success, Strategic Management Journal, 2007 (28) 10: 981—1000.

[64] Khanna T. , Gulati R, Nohria N. The dynamics of learning alliances: competition, cooperation and relative scope. Strategic Management Journa, 1998, 19 (3): 193—210.

[65] Kim L. Crisis Construction and Organizational Learning: Capability Building in Catching—up at Hyundai Motor . Organization Science, 1998, 9: 506—521.

[66] Kogut B. Joint ventures: theoretical and empirical perspectives. Strategic Management Journal, 1988, 9 (4): 319—332.

[67] Kough, B. & Zander, U. Knowledge of the Firm, Combinative Capabilities and the Replication of Techology. Organization Science, 1992, 3 (3): 383—397.

[68] Kough & Zander U. , Knowledge of the firm and the evolutionary theory of the multinational corporation. Journal of International Business Studies, 1993, 24 (4): 625—645.

[69] Lam A.. Organizational Learning in Multinationals: R&D Networks of Japanese and US MNEs in theUK. Journal of Management Studies, 2003, 40 (3): 673—704.

[70] Lane P. J. , Lubatkin M. Relative absorptive capacity and inter—organizational learning. Strategic Management Journal, 1998, 19 (5): 461—477.

[71] Lane, P. J. , Salk, J. E. & Lyles, M. A. Absorptive capacity, learning and performance in international joint ventures. Strategic Management Journal, 2001, 22 (12): 1139—1161.

[72] Larson A. Network dyads in entrepreneurial settings: A study of the gov-

ernance of exchange relationships. Administrative Science Quarterly, 1992, 37 (1): 76—104.

[73] Larson J R, Christensen C. Groups as problem—solving units: toward a new meaning of social cognition. British Journal of Social Psychology, 1993, 32: 5.

[74] Larsson. The Inter—organizational Learning Dilemma: Collective Knowledge Development in Strategic Alliances . Organizational Science, 1998, 9 (3): 285—295..

[75] Leung, Nelson Lau, Sim Kim Fan, Joshua. Enhancing the Reusability of Inter—Organizational Knowledge: an Ontology—Based Collaborative Knowledge Management Network, Electronic Journal of Knowledge Management, 2009 (6) 7 : 233—243.

[76] Levinthal & March. The myopia of learning. Strategic Management Journal, 1993, 14: 95—112.

[77] Levinson. Cross—National Alliances and Inter—organizational Learning. Organizational Dynamics, 1995, 24 (2): 50—63.

[78] March, J. G. (1991) . Exploration and exploitation in organizational learning. Organization Science, 2 (1): 71—87.

[79] Mitchell P. Koza. The Co—evolution of Strategic Alliances. Organizational Science, 1998, 9 (3) .

[80] Michael A. Hitt. Partner Selection in Emerging and Developed Market Contexts: Resource—based and Organizational Learning Perspectives. Academy of Management Journal, 2000, 43 (3) .

[81] Manring, Susan L & Moore, Samuel B. Creating and managing a virtual inter—organizational learning network for greener production: a conceptual model and case study. Journal of Cleaner Production, 2006 (14) 5: 891—899.

[82] Mentzas, Gregoris. Inter—organizational networks for knowledge sharing and trading. Information Technology & Management. 2006 (10) 7:

259—276.

[83] Mellat—Parast, Mahour Digman, Lester A. Learning: The interface of quality management and strategic alliances. International Journal of Production Economics, 2008 (114) 2: 820—829 .

[84] Mowery, H. and Tallman, S. Control and performance in international joint ventures. Organization Science, 1997, 8 (3): 257—274.

[85] Nelson&Winter, An evolutionary theory of economic change, Harvard university press: Combrige, 1982.

[86] Nonaka, I. A dynamic theory of organizational knowledge creation. Organizational Science, 1994, 5 (1): 14—37.

[87] Nonaka I. The Knowledge—creating Company. Harvard Business Review. 1991 (69) 6: 96—104.

[88] Nonaka & Takeuohi. The Knowledge—creating Company: How Japanese Companies Create the Dynamics of Innovation. New York: Oxford University Press, 1995, 21—56.

[89] Nooteboom B, Vanhaverbeke W, Duysters G, Gilsing V, Oord. Optimal cognitive distance and absorptive capacity. Academy of Management Best Conference Paper, 2005: 1—6.

[90] Nunnally J. C. & Bernstein I. H. Psychometric Theory. NewYork: Mc Graw Hill, INC. 1994, 22—124.

[91] Oliver E. Williamson, ed. , Organization Theory: From Chester Barnard to the Present and Beyond. NewYork: Oxford University Press. 1990: 172—206.

[92] Park, S. H. , & Russo, M. V. . When competition eclipses cooperation: An event history analysis of joint venture failure. Management Science, 1996, 42 (6): 875—890.

[93] Paul Almeida. Aeyong Song. Robert M. Grant. Are FirmsSuperior to Alliances and Markets? An Empirical Test of Cross—Border Knowledge Building. Organizational Science, 2002, 13 (2) .

[94] Peter J. Lane and Michael Lubatkin. Relative absorptive capacity and interorganizational learning Strategic Management Journal, 1998 (19): 461—477.

[95] Phan P H, Peridis T. Knowledge creation in strategic alliances: another look at organizational learning. Asia Pacific Journal of Management, 2000, 17: 201—222.

[96] Phillip H. Phan. Knowledge creation in strategic alliances: Another look at organizational learning. Asia Pacific Journal of Management, 2000 (17): 201—222.

[97] Polanyi, M. The Tacit Dimension, London: Routledge and Kegan Paul, 1966, 2—3.

[98] Prashant Kale, Harbir Singh& Howard Perlmutter. Learning and Protection of Proprietary Assets in Strategic Alliances: Building Relational Capital. Strategic Management Journal, 2000 (21): 217—237.

[99] Prashant Kale & Harbir Singh. Building firm capabilities through learning: the role of the alliance learning process in alliance capability and firm—level alliance success. Strategic Management Journal, 2007, (28): 981—1000.

[100] Prahalad, C. K. &Hamel, G.. The core competencies of the corporation. Harvard Business Review, 1990, 68 (3): 79—91.

[101] Puick, V. Strategic alliances, organizational learning and competitive advantage: the HRM agenda. Human Resource Management, 1988, 27: 77—93.

[102] Robert M. Grant &Charles Baden—Fuller. A Knowledge Accessing Theory of Strategic Alliances. Journal of Management Studies, 2004, 41 (1).

[103] Raymond van Wijk, Justin J. P. Jansen and Marjorie A. Lyles. Inter—and Intra—Organizational Knowledge Transfer: A Meta—Analytic Review and Assessment of its Antecedents and Consequences. Journal of Management Studies, 2008 (45) 4: 830—853.

[104] Reed& Defillippi. Causal ambiguity, barriers to imitation, and sustainable competitive advantage. Academy of Management Review, 1990 (15): 88—102.

[105] Sheng—Hsun HSU. Human Capital, Organizational Learning, Network Resources and Organizational Innovativeness. Total Quality Management, 2007 (11): 9, 983—998.

[106] Soosay, Claudine Hyland, Paul. Managing knowledge transfer as a strategic approach to competitive advantage. International Journal of Technology Management, 2008 (42): 143—157.

[107] Stuart, Toby E . Network positions and Propensities to collaborate: An investigation of strategic alliance formation in a high—technology industry. Administrative Science Quarterly, 1998, (43): 668.

[108] Su—lee Tsai, Hung—bin Ding, Rice et al. The effectiveness of learning from strategic alliances: a case study of the Taiwanese textile industry. International Journal of Technology Management, 2008 (42) 3: 5.

[109] Shaker A. Zahra, Gerard George, "Absorptive capacity: a review, reconceptualization, and extension", Academy of Management Review, 2002 (27): 185—203.

[110] Szulanski, Exploring internal stickness: Impediments to the transfer of best practice within the firm, Strategic management journal, 1996, 17: 27—43.

[111] Szulanski, The process of knowledge transfer: a diachronic analysis of stickness, Organizational behavior and human decision processes, 2000, 82 (1): 9—27.

[112] Tanriverdi Huseyin and Venkatraman N. Knowledge Relatedness and Performance of Multibusiness Firms. Strategic Management Journal, 2005, 26: 97—119.

[113] Teece D J. Capturing value from knowledge assets: The new economy, markets for know—how and intangible assets. California management Review,

1998, 40 (3): 55—79.

[114] Tolbert AS, McLean G N. , Myers RC. Creating the Global Learning Organization (GLO) . International Journal of Intercultural Relations, 2004, 26: 463—472.

[115] Uzzi B. Social structure and competition in inter—firm networks: The paradox of embeddedness . Administrative Science Quarterly, 1997, 42 (1): 37—69.

[116] Van den Bosch, F. A. J. , Volberda, H. W. &de Boer, M. Coevolution of firm absorptive and knowledge environment: organizational forms and combinative capabilities. Organization Science, 1999, 10: 551—568.

[117] Williamson, Oliver E. "Chester Barnard and the Incipient Science of Organization," in Oliver E. Williamson, ed. , Organization Theory: From Chester Barnard to the Present and Beyond, New York: Oxford University Press. 1990: 172—206.

[118] Winter. S. G, Organizing for continues improvement: evolutionary theory meets the quality revolution, New York: Oxford Unicersity press, 1994, 90—108.

[119] W. Schoenmakers & G. duysters. Learning in Strategic Technology Alliances. Technology Analysis & StrategicManagement, 2006, 18 (2): 245—264.

[120] Walter W. Powell Kenneth W. Koput Laurel Smith—Doerr. Interorganizational Collaboration and the Locus of Innovation: Networks of Learning in Biotechnology . Administrative Science Quarterly, 1996 (41) .

[121] Walter, Jorge. Lechner, Christoph & Kellermanns, Franz W. Knowledge transfer between and within alliance partners: Private versus collective benefits of social capital. Journal of Business Research, 2007 (7) 60: 698—710.

[122] Xu Jiang, Yuan Li . The relationship between organizational learning and firms' financial performance in strategic alliances: A contingency ap-

proach. Journal of World Business ,2008 (43):365—379.

[123] Yen—Tsung Huang , Wenyi Chu. Enhancement of product development capabilities of OEM suppliers: inter— and intra—organizational learning. Journal of Business & Industrial Marketing, 2010 (25) 2: 147—158.

[124] 陈国权、孙悦、赵慧群:《个人、团队与组织的跨层级学习转化机制模型与案例研究》,《管理工程学报》2013 年第 2 期。

[125] 安智宇、程金林: 《 人力资源管理对企业绩效影响的实证研究——组织学习视角的分析》,《管理工程学报》2009 年第 23 期。

[126] 蔡四青、李惠:《跨国公司技术战略联盟组织模式选择及其对中国的启示》,《经济问题探索》2008 年第 5 期。

[127] 陈国权、马萌:《组织学习的过程模型研究》,《管理科学学报》2000 年第 3 期。

[128] 陈国权、马萌:《组织学习的模型、案例与实施方法研究》,《中国管理科学》2001 年第 9 期。

[129] 陈国权、马萌:《组织学习评价方法和学习工具的研究及在 30 家民营企业的应用》,《管理工程学报》2002 年第 16 期。

[130] 陈国权、赵慧群:《中国企业管理者个人、团队和组织三层学习能力间关系的实证研究》,《管理学报》2009 年第 6 期。

[131] 陈国权、周为:《领导行为、组织学习能力与组织绩效关系研究》,《科研管理》2009 年第 30 期。

[132] 陈晓萍、徐淑英、樊景立:《组织与管理研究的实证方法》,北京大学出版社 2008 年版。

[133] 党兴华、李莉、薛伟贤:《企业技术创新合作中的知识创造》,《经济管理》2006 年第 5 期。

[134] 范黎波、张中元:《 基于网络的企业学习与治理机制》,《中国工业经济》2006 年第 10 期。

[135] 樊建芳、廖泉文:《战略联盟中的组织学习研究》,《价值工程》2003 年第 5 期。

[136] 葛京:《战略联盟中组织学习效果的影响因素及对策分析》,《科学

学与科学技术管理》2004 年第 3 期。

[137] 龚毅、谢恩：《中外企业战略联盟知识转移效率的实证分析》，《科学学研究》2005 年第 8 期。

[138] 关涛：《跨国公司内部知识转移过程与影响因素的实证研究》，博士学位论文，复旦大学，2005 年。

[139] 韩岫岚：《企业国际战略联盟的形成与发展》，《中国工业经济》2004 年第 4 期。

[140] 侯杰泰、温忠麟、成子娟：《结构结构方程模型及其应用》，教育科学出版社 2004 年版。

[141] 胡志群：《航空战略联盟的组织学习影响因素及策略研究》，《科技进步与对策》2007 年第 24 期。

[142] 黄嫚丽、蓝海林：《 基于吸收能力的联盟企业组织学习研究》，《科技管理研究》2005 年第 10 期。

[143] 冷民：《"联盟中的学习竞赛"：基于中国企业视角的联盟学习能力观》，《管理评论》2007 年第 19 期。

[144] 李怀祖：《管理研究方法论（第 2 版）》，西安交通大学出版社 2004 年版。

[145] 李峰、杨世宏：《企业战略联盟的投资收益分配问题研究》，《武汉理工大学学报》2007 年第 29 期。

[146] 李成彦：《不同背景企业组织文化差异的比较研究》，《心理研究》2008 年第 1 期。

[147] 李垣、陈浩然和赵文红：《组织间学习、控制方式与自主创新关系研究——基于两种技术差异情景的比较分析》，《科学学研究》2008 年第 26 期。

[148] 李随成、杨婷：《知识共享与组织学习对供应链企业间研发合作绩效的影响研究》，《科技进步与对策》2009 年第 26 期。

[149] 林筠、孙晔、刘伟：《基于资源观的创业导向与联盟中组织学习绩效关系研究》，《科技管理研究》2009 年第 3 期。

[150] 林向红、李垣、吴海滨：《组织间学习及其控制模式与企业创新关

系的实证研究》，《现代管理科学》2008 年第 10 期。

[151] 刘帮成、唐宁玉、朱晓妹、王重鸣：《基于社会文化差异的在华外资企业组织学习研究》，《科技进步与对策》2008 年第 25 期。

[152] 卢兵、岳亮、廖貅武：《企业联盟中知识转移的影响因素分析——一个分析模型》，《预测》2006 年第 25 期。

[153] 罗文军、傅平、陆玮：《战略联盟的组织学习机制》，《经济管理·新管理》2004 年第 6 期。

[154] 迈克尔·波特：《竞争优势》，中国财政经济出版社 1988 年版。

[155] [德] 迈诺尔夫·迪尔克斯、[德] 阿里安娜·贝图安·安托尔、[英] 迈诺尔夫·迪尔克斯等：《组织学习与知识创新》，上海人民出版社 2001 年版。

[156] 童利忠、丁胜利、马继征：《企业核心竞争力新论：理论与案例》，人民邮电出版社 2006 年版。

[157] 托马斯 H. 达文波特、劳伦斯—布鲁萨克：《营运知识》，哈佛商学院出版社 2000 年版。

[158] 毛建军、武德昆和高俊山：《组织学习能力与企业绩效关系实证研究》，《北京科技大学学报》2008 年第 30 期。

[159] 宁钟、闽雄军：《基于战略联盟的组织学习与知识创新研究——以UT 斯达康与电信的战略联盟为例》，《 研究与发展管理》2005 年第 17 期。

[160] 芮明杰、樊圣君：《“造山”：以知识和学习为基础的企业新逻辑》，《管理科学学报》2001 年第 3 期。

[161] 寿涌毅、汪洁：《企业网络中知识转移的影响因素与案例研究》，《西安电子科技大学学报》2009 年第 19 期。

[162] 孙卫忠、刘丽梅和孙梅：《组织学习和知识共享影响因素试析》，《科学学与科学技术管理》2005 年第 7 期。

[163] 孙刚、颜士梅、占怡：《 战略联盟中信任发展的阶段模式——基于案例的分析》，《工业技术经济》2007 年第 26 期。

[164] 汤建影、黄瑞华：《研发联盟企业间知识共享影响因素的实证研

究》，《预测》2005 年第 5 期。

［165］［美］托马斯·H. 达文波特、劳伦斯—布鲁萨克：《营运知识》，哈佛商学院出版社 2000 年版。

［166］王如富、徐金发、徐媛：《知识管理的职能及其与组织学习的关系》，《科研管理》1999 年第 20 期。

［167］王立生：《企业通过战略联盟进行的组织学习与知识创新机制研究》，《科技管理研究》2004 年第 2 期。

［168］王宏起、刘希宋：《高新技术企业战略联盟的组织学习及策略研究》，《中国软科学》2004 年第 3 期。

［169］王国顺、郑准：《战略联盟内企业组织学习绩效的影响因素分析》，《 现代管理科学》2007 年第 4 期。

［170］王莉：《动态环境下企业网络、组织学习和企业绩效关系研究》，博士学位论文，山东大学，2008 年。

［171］王宇露：《海外子公司的战略网络、社会资本与网络学习研究》，博士学位论文，复旦大学，2008 年。

［172］王飞绒：《 基于组织间学习的技术联盟与企业创新绩效关系研究》，博士学位论文，浙江大学，2008 年。

［173］温忠麟、侯杰泰、张雷：《调节效应与中介效应的比较和应用》，《心理学报》2005 年第 37 期。

［174］吴素文、成思危、孙东川等：《基于知识特性的组织学习研究》，《科学学与科学技术管理》2003 年第 5 期。

［175］吴泽桐、蓝海林：《战略联盟的知识创造》，《 科学学与科学技术管理》2003 年第 10 期。

［176］吴定玉：《基于全球学习效应的跨国战略联盟机理研究》，《软科学》2004 年第 18 期。

［177］吴明隆：《结构方程模型——AMOS 的操作与应用》，重庆大学出版社 2009 年版。

［178］夏清华：《联盟企业的治理结构、吸收能力与弱势企业的学习》，《财经问题研究》2006 年第 2 期。

[179] 谢泗薪:《从跨国公司新理论界面研究中国企业全球学习的战略思维》,《科学管理研究》2006 年第 24 期。

[180] 谢卫红、蒋峦、张招兴等:《跨国战略联盟中的组织学习与知识构建》,《中国软科学》2006 年第 8 期。

[181] 薛薇:《SPSS 统计分析方法及应用》, 电子工业出版社 2006 年版。

[182] 许学国、彭正龙、尤建新:《全球化背景下的组织间学习模式研究》,《管理科学》2004 年第 17 期。

[183] 杨智、刘新燕、万后芬:《国外组织学习研究综述》,《外国经济与管理》2004 年第 12 期。

[184] 杨水利、李韬奋、党兴华、单欣:《组织学习动态能力与企业绩效之间关系的实证研究》,《运筹与管理》2009 年第 18 期。

[185] 闫立罡、吴贵生:《中外战略联盟中的组织学习与企业技术能力的提高》,《软科学》2006 年第 20 期。

[186] 易朝辉、夏清华:《国际战略联盟条件下的中国联盟伙伴选择标准——基于“资源—学习—企业成长”的视角》,《科学学与科学技术管理》2007 年第 12 期。

[187] 余光胜:《企业发展的知识分析》, 上海财经大学出版社 2000 年版。

[188] 于海波、方俐洛、凌文辁:《组织学习整合理论模型》,《心理科学进展》2004 年第 12 期。

[189] 喻红阳、李海婴、袁付礼:《合作关系中的组织间学习——一个动态的学习观》,《科技管理研究》2005 年第 8 期。

[190] 袁方:《社会研究方法教程》, 北京大学出版社 2005 年版。

[191] 袁健红、李慧华:《技术联盟与认知差异》,《科学学与科学技术管理》2008 年第 11 期。

[192] 原欣伟、覃正、伊景冰:《国内组织学习研究的历史、现状和展望》,《科技管理研究》2006 年第 5 期。

[193] 张军:《当代企业跨国战略联盟研究》,《理论与改革》2004 年第 2 期。

[194] 张毅、张子刚:《企业网络与组织间学习的关系链模型》,《科研管理》2005 年第 26 期。

[195] 张毅、张子刚:《企业网络组织间学习过程的二维模型》,《科学学与科学技术管理》2005 年第 9 期。

[196] 张毅、张子刚:《企业网络组织间学习过程的影响因素研究》,《研究与发展管理》2006 年第 18 期。

[197] 张成考、吴价宝、纪延光:《虚拟企业中知识流动与组织间学习的研究》,《中国管理科学》2006 年第 14 期。

[198] 张倩、齐兰:《战略联盟组织学习的动态研究》,《中国科技论坛》2008 年第 4 期。

[199] 张明、江旭、高山行:《战略联盟中组织学习、知识创造与创新绩效的实证研究》,《科学学研究》2008 年第 26 期。

[200] 赵林捷:《 企业创新网络中组织间学习研究》,博士学位论文,中国科学技术大学,2007 年。

[201] 赵林捷、汤书昆和李志刚等:《组织间学习效果影响因素的实证研究——以汽车产业为例》,《研究与发展管理》2008 年第 20 期。

[202] 朱彬、朱祖平:《企业本质的一个全新阐释——企业知识理论研究》,《华东经济管理》2004 年第 18 期。

[203] 朱廷柏:《企业联盟内的组织间学习研究》,博士学位论文,山东大学,2006 年。

[204] 邹勇、周艳榕:《战略联盟中的组织学习、知识分享与知识创造》,《广西轻工业》2007 年第 9 期。

[205] 周建、周蕊:《论战略联盟中的知识转移》,《科学学与科学技术管理》2006 年第 5 期。

[206] 国务院国有资产监督管理委员会:《关于在财务统计工作中执行新的企业规模划分标准的通知》 (http://www.sasac.gov.cn/gzjg/tjpj/cwjs/200408060083.htm),2003 年 11 月 4 日。